二大パーソナリティー

小はだ（以下小）●よろしくお願いします。

鬼丸（以下鬼）●はいはい、なんでも聞いてね。

一之輔（以下一）●いやー、でも毎日やってる兄さんの方がすごいから、いま月~木帯でしょ？

鬼●いやでも、そっちも週2日にして追いつこうとしてんだろ？

一●いや！　違う番組だから（笑）。でも月~木で1時から4時間やってるんでしょ？　もう落語の仕事捨てたんだ？

鬼●そんなことないよ！　でももう本当に公務員だよ（笑）。

小●鬼丸師匠は番組を持って今年で12年目、真打になってからすぐですね。

鬼●そうそう！　真打になったのが2010年の秋でラジオは2011年の4月からだからね。

小●きっかけとかあります？

鬼　大江戸台風族！（落語協会所属の落語家7名で結成されたユニット）ってユニットを組んだ時のプロモーションで色んなラジオ局回ってたんだけど、そのうちの一つがNACK5だったの。そこで俺が浦和に住んでるって言ったら当時の制作部長が「浦和に住んでるなら遊びにこいよ！」って、可愛がってくれてて、そんなことしてたらいつのまにか、制作部長兼放送本部長？　みたいなのになってて。

一●おー、大出世だ！

鬼●そうそう！　そしたらその人がガラッと番組変えてさ、そこに抜擢されたんだよ。なんの実績もないのに（笑）。

小●すごい縁ですね！　一之輔師匠は最初のラジオを始めて14年目ですが、最初の頃と今でやり方を変えたりとかしましたか？

一●あー、最初はみんな手探りだったから、トレンドとか売れてるもんとか紹介してたんだけど上手くいかなくてさ（笑）。そうなったら「もう好きにやってください！」って言われてね。今はメール読みとフリートークとくらいで、時間も日曜の朝なんて、深夜みたいなもんでしょ（笑）。だから好きにやってますね。

小●ノリは深夜ラジオなんですね。鬼丸師匠はいかがですか？

鬼●向こうからなにか言われてそれに合わせてやることが多いから、何が変わったって言われるとわかんないなー。ただ、最初の方は全然やり方分からなかった。だからスタッフさん達に呆れられる感じは凄くあったね。段取りも下手だし。相手（ゲスト）の話しが待てなかったりね。

小●なるほど。

鬼●商売柄、間を空けて話すのが嫌だから、数珠繋ぎ的に話すことは出来るんだけど、間を空けて相手を立てて話すこととか出来なかったね。それと、寄席で楽屋の雰囲気に慣れてから収録向かうと、不謹慎な用語出がち。

一●ハイハイ引きずっちゃってね。俺もこの間やっちゃったなぁ。

鬼●放送人じゃ決して使わないような言葉を我々は使うからさ。我々は言葉が汚いんだよね。

一●あと、ある程度きわどい表現も。「あ、こいつはちょっと失礼なこと言ったりする人」なんだってキャラクターをリスナーやスタッフさんにも解ってもらう。キャラ付けみたいな、もちろん人を完全に傷つけるのはダメだけど、ある程度小馬鹿にするというか、そういうのは長年やってると、信頼関係みたいなのが築けるよね。「バカしか聴いてない」とか「リスナーみんなハダシ」とか。

小●（笑）。

鬼●そうするとリスナーの方も自分のことをいじってくるし、ある種の共犯関係みたいなね。

育ちが悪くなきゃ

小●アシスタントの方との関係性ってどんな感じですか？

一●番組の性質にもよるけどね、「あなたとハッピー！」なんて、ニュースとかも読んだりするから絶対いてくれないと困るけど、深夜番組なんかは作家さんがいて笑ってくれてたらそれでいいかな、鬼丸兄さんと僕がやってる番組はアシスタントさんがいないと絶対成り立たない番組でしょ？

鬼●あと、俺たちおっさんだからさ、若い女性の感情とか、おっさんの発想にないことを言ってくれると助かるんだよね。

一●あとね、たしなめてくれる人がいないとダメなんだよね、こっちが暴論言った時にちゃんと「ダメですよ」って言ってくれるから成り立つというか。それでも長年やってて暴論に乗っかってきてくれたりすると、その話題はハネたりするし、逆にこっちがツッコミ側に回れたりするしね。

鬼●ちゃんと止めてくれないと、こっちがとんでもない悪者みたいになっちゃうことがあるからさ。

一●だから、アシスタントさんと仲良くなったり分かり合う必要はないけど。ちゃんと腹を割って話せるような人じゃないとダメかもね。

鬼●あとアシスタント問わずにラジオって、人付き合いが苦手な人の方が輝いたりするね。

ラジオリスナーって相対的に陽の雰囲気が苦手だからラジオ聴いてたりするからさ、リア充ってラジオに必要ないんだよね。

だからね。インスタ（Instagram）好きな奴はラジオ向いてないって思うもんね（笑）。

一同（笑）。

一●これはいいですよ。いいリトマス試験紙になりそうですね（笑）。

小●確かにインスタ好きな人と、腹割って話せないかもしれないです。

鬼●めちゃくちゃ暴論だけどね（笑）。だってインスタって写真じゃん。絵面で物事を考えてる人だから、言葉で物事を伝えるのは向いてないと思うのよ。そういうのでインスタを充実させてる人にラジオ面白い人いないと思うよ。

小●こんなステキな所でイケてるワタシ♪って自分を飾る人は向いてない？

一●まぁ、自分の素がちゃんと出ないとリスナー付いてこないと思いますよ。

小●ラジオパーソナリティーに向いてる人って具体的にどんな人ですか？

一●リア充って言ってたけど、満たされてる人ってのはあんまり向いてないかもね、なんか飢えてる人というか、ひねくれてるというか、青春時代にモテなかった人！

鬼●あーそうだね！そこは絶対！

小●お二人は充分満たされてる人だと思うんですけど…

一●あのー、じゃあ育ちが悪い人です（笑）。

鬼●それは本当にそう！育ちが悪くなきゃダメ！下から人を見上げた事がない人間ってさ、何かトーク出せ！ったって出せないのよ。

一●だから、欠損してる……何というか世の中へのひねくれ方というか、斜に構えてる人の方がラジ

オは面白いかな。

鬼● でもこれは、ラジオっていうより、〝笑い〟全体の話として、ひねくれてる方が面白いのよ、大槻ケンヂがあんな格好良いバンドマンなのに子供の頃肥満児だったりとか、そういうのを聞くとさ「あれ？こっち側じゃね？」みたいな仲間意識がさ。それがいいよね。鬱屈としてるのがラジオにはハマりやすいのかもしれない。

一● だからまぁ鬱屈した者同士で傷を舐め合う感覚が、僕がラジオ聴き始めた原点かもしれませんね。

スピード感と強度

小● 他にコツや、意識している所などはありますでしょうか？

鬼● スタジオにいてディレクターさんの反応とか気にしてね、それでなおかつ聞いてる人のことをちょっと想像しながら話すよね。

一● 通勤中聴いてんのかな、家事しながらなのか、とかね。

鬼● いつもイメージしてるのは部室で友達と話してる感じ。車の中で聞いてる同世代サラリーマンとか、密室で聞いてもらってるのを想定しているかな。だからガソリンスタンドとかで大音量でＮＡＣＫ５が流れてるとすごい恥ずかしい。この前市営プールで流れてたことあったからね！「大人の営みの〜」とか言ってんのよ、大丈夫かこれって（笑）。

小● 一之輔師匠は最初、この人のやり方を真似ようみたいなのってありましたか？

一● 真似ようってよりは、初めてのレギュラーだったから、最初のディレクターさんが、ラジオってこういうもんですよってことを、ちゃんと仕込んでくれて、フリートークをしてても「サブを気にしてください」って。向こうのスタッフが笑ってるかどうか。

その頃、「見えるラジオ」ってのをやっててタクシーの中でラジオに字幕がついてたの。で、それを打ち込んでるお姉さんがいるんだよ、全然ラジオに興味無い。「その人を笑わせたらホンモンです」って。目の前の人だけじゃなくてそっちも気にするようにとか、あとゲストがいる時はその人を喜ばせて気分良く帰ってもらうのがベストですって。

鬼● あー！一緒！

一● でしょ？

小● じゃあ、ゲストの方がミュージシャンだったりしたら曲とかちゃんと調べて臨むんですか？

一● 俺曲聞かないでいったりすることもある。最悪だけどね。

鬼● だめ！それ本当にダメなんだよ！

小● 鬼丸師匠はその辺はちゃんとするんですか？

鬼● 俺も聞かないことある…。

一● 最低なふたりだ（笑）。ただまぁ曲聞かなくても最近あったこととか聞いたり、そのためにツイッター（現Ｘ）とか見て調べたりはするよね。

小● ラジオのフリートークと落語のマクラって似ているなと感じるのですが、互いの経験が生かされたりすることはありますか？

鬼● スピード感が全然違うよね。俺の場合はラジオは毎日だから2日経ったらもう旬は過ぎちゃってるんだよね。逆にマクラはその日あったこと喋ってもお客は知らないのよ、ニュース見ないで寄席に居るんだから。

小● なるほど！

一● もっというと寄席は二週間前の出来事が旬だったりするからね。

小● じゃあ、ラジオで話した二週間後に、そのままのノリでマクラで話すみたいな？

鬼● それは絶対無理だね。ラジオはスピード感って所と強度（漫談としての）が弱くても良いんだよね。その時に切り取って自分の視点があって、そこに熱が籠ればウケてもウケなくてもそれでいいのよ。それで立派なラジオショーになる。でも寄席は違くて。しっかり固めてかっちりしないと商品にならないよね。

一● だから時事ネタもしっかりオチがないと寄席ではウケないし。

鬼● 逆にラジオはオチは要らないね、逆にオチがあるとある種興ざめしちゃうというか、「噺家で御座い」みたいなね。感じになっちゃうよね。

一● そうですね。

鬼● でもさ、意図してないところでダジャレになってたりしない？ あれはめっちゃ恥ずかしい。寄席だったらやりたい人はやればいいんだけど、ラジオでなったらリスナーになんて思われるか（笑）。

一● 上手い！ っていわれちゃうもんね（笑）。

鬼● あーもうそんなこと言われたらおしまいだよ（笑）。

一● だから寄席の場合は鮮度が落ちにくいんだけど収穫するまでに長いって感じかな。

あとは、時事ネタ以外にも、話し方だよね。

鬼● 噺家ってどうしても高座では押して話しちゃうけど、ラジオでは押さないよね。

たまに噺家がラジオにゲストで呼ばれて出てる時にさ、高座のまんまの感じで話しちゃう人とかいるけどあれはラジオじゃだめなんだよね。それよりももっと素で話すという感じかな。

お互いのスタンス

小● ラジオの日のルーティーンはありますか？

鬼● 俺はもう放送が始まった日から完璧に決まってて、もうずっとそうなんだけど、9時過ぎには家を出て、決まった時間の電車に乗って、ラジオ局入りの1時間前には喫茶店入ってその日の新聞から雑誌から全部読む。

一● うわ！ すっごい！ 真面目！何この人（笑）。

鬼● やめろよ！（笑）。だから最初でも言ってたけどほんとにラジオ公務員なのよ。

小● アンテナの張り方が凄いですね。

鬼● 貼ってないと怖いってのもあるよ。なんか振られた時に分からないと嫌じゃん。だからイカゲームが流行ってるってなったらネットフリックス入って観るし、興行収入がーなんて話題になってる映画も当然見るよ。でもそれがネタになることなんてほとんどないんだけどね。でも見ないとダメなのよ。

一● いや、これは俺とスタンスが違うよ！ 俺はイカゲームなんて言われたら「知らねぇよそんなもん！」って言っちゃうし、想像でイカゲームの話するとかしちゃう。

鬼● でも一之輔もくすぐりとかで鬼滅の刃の煉獄さん入れてたりしたのよ。やっぱり感度がいい芸人では居たいじゃん。そのためにはなんでも採り入れちゃうな。

一● まぁ何となくぼんやり、薄く浅く捉えられてればいいんじゃないかな？ 間口広くっていうか。

小● では、最後にふたりにとってラジオとは？

一● あの…それはインタビューしてて一番聞いちゃいけないやつだよ（笑）。

鬼● いきなり「人生です！」てならないもんね（笑）。

小● …やってしまいました…修業が足りず失礼しました！

最後の最後、愚問で締めてしまったが、落語協会が誇る二大ラジオパーソナリティーから、半ば種明かしの様な金言の数々を伺うことができた。この金言を生かすも殺すも我々次第、今後の「渋谷でそろそろ」をどうぞお楽しみに。

あなたとハッピー！の構成作家T さん曰く、台本作りのコツは、進行の邪魔にならないよう「あえて読む必要のないことを書く」ということ。時事ネタの取捨選択の上手い一之輔師匠だからなせる技だ。

渋谷でそろそろ放送一周年記念

2023年4月7日金曜14時。渋谷駅近くのコミュニティラジオで始まった『渋谷でそろそろ』が、放送開始から一周年を迎えようとしている。そろそろ編集部のメンバーたちがあれこれと手探りしながら始めた番組だが、ありがたいことに毎週聞いてくれているヘビーリスナーの芸人がいるというので、同じく毎週欠かさず聞いているメンバーの林家彦三とともに話を聞いてみた。（2023年12月某日早苗にて）

あんこ　いつの間にか、毎週聞いてるってことになってて（笑）。

彦三　僕の勘違いだったみたいで（笑）。ラジオ中にも姉さんのこと呼びかけたりしてましたしね。

あんこ　呼ばれちゃってるから聞かなきゃって。（そろそろ編集部のメンバーに）会ったら感想を求められるんで、その人に会うっていう現場のときは行きの電車の中でアーカイブ聞いて。

彦三　芸人ってやっぱり聞いてもらうと嬉しいから「どうだった？」って聞きたくなるんですよ。

あんこ　だからこっちもまだ聞いてないとは言えないから、必死に聞いてる（笑）。

彦三　それじゃ追い込まれリスナーですね（笑）。聞き始めたきっかけは？

あんこ　私自身、ラジオに憧れがあって。ラジオブースに入るっていう。コロナ期間中にラジオをすごく聞くようになって、そこからNHKラジオずっと聞いていて。そんなときにそろそろ編集部のメンバーでラジオやるって知って。噺家がラジオやるって憧れがすごすぎて。仲間がラジオブースの中に入ってやっているラジオ番組があるっていうのは、かなり興奮する事案なんで、やるんなら聞きたいし応援したいって気持ちがあって感想を言っただけなんだけど「熱心に聞いてますよ」みたいになっちゃって後に引けなくなっちゃった（笑）。

彦三　そうだったんですね。

あんこ　でも、やっぱりなんか楽しいから聞いちゃいます。何かしながら……ながら聞きにちょうどいいなと思う。

ラジオという芸

彦三　落語もそれぞれの個性が出るじゃないですか。ラジオもラジオっていう芸なんだなって思います。落語の芸と比例するわけではないんですけど、ひとが出てめちゃくちゃ面白いなと。

あんこ　画期的だよね。パーソナリティがこんだけ（9人）いて、全部アーカイブが残って聞けるっていう。

彦三　毎週スタジオで生放送だけど、一刀＆緑助兄さんはプライベートの切り売りしていますね。

あんこ　切り売り（笑）。しても害はなさそう。

彦三　緑助兄さんは、寄席に女の子が急に来ちゃった話とかしてましたね。

あんこ　そうそう。あの話しちゃうんだーって思った（笑）。

彦三　生放送なんで、ポロッと出ちゃうときがある。結構ぎりぎりのところも言ってると思います。

あんこ　うん。それ言っちゃって良いんだって思うときあるよ。

彦三　波風は立たないようにして行きたいですね。

あんこ　長く続けて欲しいからね。

彦三　いろんな事件があった気がします。僕でいうと、ブースの外にお客さんが見に来てくれて、嬉しかったんです。きれいな女性の方が来てくれたんですけど、僕が緊張で黙るという……（笑）。

あんこ　それはいいね。生放送ならではって感じで。

彦三　そろそろメンバーのバランスというか。小はださんとか緑助兄さんとかは深夜ラジオのノリが好きなんで、その雰囲気でやってるんだけど、伊織兄さんとかけい木兄さんとか、かっちりと話を作って決めて。なんかそのそれぞれの個性が面白いなと。

あんこ　私、意外と緑助さん好きですね。でも、やっぱり伊織兄さんはMC的にすごく聞きやすい。

林家彦三
師匠は林家正雀。2020年に二ツ目昇進。古典落語から、文芸作品を原作にした独自の落語など幅広く展開する。文筆活動にも力を入れている。自称、あんこチルドレン（小はだ曰く、自分こそが"真の"あんこチルドレン）。対談場所の早苗には学生時代から通っており、現在も同級生が働いている。試験前ブレンドがおすすめ。

特別対談 林家あんこ×林家彦三

脱線しても程よく戻ってくるんで。崩していいんだけど崩していかない。

彦三　ラジオの古典派ですよ。

あんこ　番組を大事にしてる。そういうの伝わりますね。

彦三　はな平師匠も聞きやすいですよね。真打の間だなって思う。貫禄がある。番組の終わりとか、僕とか小はださんみたいにわちゃわちゃってしない。

あんこ　でも、小はだくんもいいよね。ラジオ好きなのが伝わってくる。

彦三　小はださんはラジオ好きでやってるし、何か言う一言がいいなと。普段から言う言葉が面白いですし。

あんこ　小もんさんはいい声。ひとことでもう決まるというか。

彦三　玉の輔師匠とか小はださんは当日のノリでやってる感じが。僕から玉の輔師匠に質問をする回のときは面白かった！　知らないことあるじゃないですか。

あんこ　あの回、面白かった！

彦三　僕、聞くのが好きなんですよ。玉の輔師匠には「お前楽じゃないか！」って言われたけど。

あんこ　師匠に改めて聞くっていうのはすごく良かった。

彦三　今までで面白い回のランキングつけるなら、一位は一刀兄さんの回ですね。兄さんが最近家で飲んでるって話になって、台湾の野球リーグのチアリーダーの動画を見ながらお酒飲んでるって。僕家で聞いてて兄さん何してるんだって、声出して笑ったな。

あんこ　すごいニッチなところ行くね。私は、けい木兄さんと伊織兄さんのオチのある話パート1、パート2ともにですね。圧倒的ですね。おなじみの枕噺ですけど、その人となりを知ってるから余計楽しい。あと、夏目漱石を朗読した回。声がいいふたりだから。

彦三　ああ、小もん兄さんとやった。あれ、反響良かったんですよね。楽しかったです。僕ああいう文化系が好きなんですよ。自分の性格とか声質とかを省みると〝わわ〟っていうのにも憧れるけど、淡々とボソッという方が合ってると思ってる。みんなメンバーそれぞれ個性があるけど、自分はなんかそういう感じのラジオに憧れはあります。

あんこ　ああいうのが好きなんだ。

彦三　僕、コインランドリーいつも使ってるんですけど、TBSかJ-WAVEかずっとラジオ流れてるんですよ。そんな中で「URLIFESTYLE COLLEGE※」っていう番組を吉岡里帆さんがやってて、毎週いろんな文化人呼んで対談するっていう。吉岡さんもそういった文化人が好きなんですよね。そっから好きになりました……吉岡里帆さんを（笑）。

あんこ　ラジオじゃなくて、そっちなんだ（笑）。

彦三　みんな好きですけどね（笑）。そういうラジオが好きなんですよ。聞き流すのにちょうどいいし、豆知識とかが増えていくのがいいなって。

※毎週日曜18時〜　J-WAVE

林家あんこ

師匠は林家しん平、父は二代 林家時蔵。二世初の女流噺家。2017年二ツ目昇進。地元墨田区の『すみだ親善大使』に着任し、魅力を発信する傍ら墨田区と縁の深い葛飾北斎の娘・応為を主人公にした自作落語「北斎の娘」を自身の独演会などで口演中。夫は、渋谷でそろそろのジンクル収録の落語会に参加するなど、夫婦揃って応援中。

渋谷でそろそろのこれから

あんこ　色んな芸人の名前出すといいかもね。そうすると「あなたこの間ラジオに名前出てましたよ」って。それでその人がアーカイブ聞いて、感想をXに載せてもらうと広がりますよね。芸人もいちお客さんとして聞いて、これ面白いよって言えると一番いいんですけどね。仲間内でそれ言っちゃうとなんか難しいんで。でもまず仲間から固めるのがいいかなあ。

彦三　そうなんですよね。仲間からが嬉しいですよね。だから今、メンバー内でこれから続くとしたらこう、メンバー以外の芸人をもっと巻き込んでいったら芸人のラジオとしてもっと大きくなりそうだなって話をしてて。それで最初に巻き込まれたのが姉さんで（笑）。

あんこ　いやいや、私なんてそんな力……（笑）。

彦三　でも、そうやって徐々に芸人の中から知名度が上がっていって、うわっと。もしかしたら、あの師匠が来るかもしれないってなると。

あんこ　絶対それ面白いと思うよ。

例えば、そろそろに載ってた彦いち師匠にバイク講座とかあってもいいし、猫八先生に野鳥講座とかね。

彦三 誌面とあわせてゲスト呼ぶのは良いですね。そうなると今の形より、流動的になっていくのかなって。

あんこ 濃い感じが楽しいよね。師匠のしん平呼んで特撮談義とかね。すごい濃いけど、小はだくんとか特撮好きだから。でも、他でそういうラジオあんまりやってないから。芸人さんって多趣味なんだって伝わると良いよね。

彦三 この番組ってすごい自由度があるんで、その自由度を活かしていけば面白いコンテンツになってくなと。この半年やってきて可能性しかないなって思ってて。渋谷に寄席はないけどラジオだったらあるよって言えたら良いなと。

あんこ 芸人とラジオって、相性いいですよね。いつかやってもらいたいのは、アサダ先生のマジック。あと他にもいっぱいあるけど楽屋ニュースかな。ホットな情報がひとつあると良いかなって。

彦三 生放送ですしね。

あんこ そうそう。天気でもいいし、ニュースでもいいし。そのときの時間の流れ的なものがあると良いかなって。

彦三 今日の寄席の情報とかでも良いですね。

あんこ カケブレ（出番やお知らせ）でもいいし。誰かが正会員になりましたとか。そろそろの紙面では二ツ目になると載るけど、新しい前座さんとかはわからないから。あと、言える範囲で某師匠が引っ越ししましたとか入籍しましたとか。なんか一個。

彦三 絶対かわら版さんより早いですからね。僕は、外部からゲストを呼んで、そろそろメンバーをひとり聞き手で入れてっていうのがやっていきたいな。

あんこ 誰、呼ぶの？

彦三 誰でも好きな人を呼べますってなったら……吉岡里帆さんですね（笑）。

早苗（さなえ）
早稲田大学南門前にある「喫茶」「バー」「珈琲豆焙煎販売」が一緒になったちょっと変わったお店。早稲田大学出身者などが出演する「早苗落語会」も開催中。
住所　東京都新宿区戸塚町1-102
電話　03-6265-9454

そろそろ調べ！

落語協会員ラジオ番組表（2024年1月現在）

曜日	時間	番組名	放送局	出演者
月～木	13:00 - 17:00	GOGOMONZ	NACK5	三遊亭鬼丸
月	16:00 - 18:55	Air Place	ラジオ高崎	林家つる子
火	08:30 - 11:00	パンサー向井の＃ふらっと	TBS ラジオ	林家つる子（不定期）
第２水	17:15 - 17:30	柳家小もんのお仲入り	エフエムきりゅう	柳家小もん
水	19:00 - 20:00	林家たけ平の "楽" 語の時間	FM カオン	林家たけ平
木	20:30 - 21:00	林家木りんとかしめ・洋平の今夜は話さナイト	K-MIX	林家木りん
金	08:00 - 10:16	春風亭一之輔 あなたとハッピー！	ニッポン放送	春風亭一之輔
金	11:00 - 13:00	くにまる食堂	文化放送	春風亭一蔵（11時台）
金	14:00 - 14:55	渋谷でそろそろ	渋谷のラジオ	そろそろ編集部員
土	15:25 - 15:55	東京042～多摩もりあげ宣言～	TBS ラジオ	林家つる子
土	15:30 - 15:50	ロケット団の定例ラジオ	ニッポン放送	ロケット団
土	19:30 - 19:55	ゆうとぴか	K-MIX	蝶花楼桃花
土	24:45 - 25:00	国語辞典サーフィン	NHK ラジオ第１	サンキュー・タツオ
土	26:00 - 27:00	東京ポッド許可局	TBS ラジオ	サンキュー・タツオ
日	06:00 - 07:30	SUNDAY FLICKERS	Rhythm Station　エフエム山形 他23局ネット※	春風亭一之輔
日	08:00 - 08:30	林家たい平 たいあん吉日！おかしら付き♪	文化放送	林家たい平
日	10:00 - 10:30	春風亭与いちの目指せ大看板	ラジオ３	春風亭与いち

※放送局によって日時が異なる場合があります。
各番組について、急遽内容が変更になる場合があります。放送当日、各種メディアにてご確認ください。
情報提供：東京かわら版

リレー・エッセイ

つ・な・ぎが参りました

古今亭始 ← 春風亭朝之助

かつて静岡市にあった伝説のふとん屋「漆畑ふとん店」で、歳の離れたラミレス似の兄と、HYのピアノ奏者・仲宗根泉似の姉とともに育った漆畑雄介。

高校を卒業して浪人という名のプー太郎を二年過ごして國學院大学に入学。渋谷の八百屋でアルバイトに精を出しながら酒を奢ってくれるという不純な理由だけで「落語研究会」に入会。

この入会をキッカケに寄席通いを始め、落語にのめり込み、卒業後フラフラ期に〝やはり噺家しかない!〟と、一念発起して一朝師匠に入門するという経歴の持ち主が春風亭朝之助という男だ。

朝之助兄さんとは一緒に二ツ目になったので同期ということで「同期の秘め事♡」という会をやっているが、厳密にいうと兄さんが二ヶ月先輩。

初めての出会いは私が前座として楽屋入りしてすぐ。その芝居のひとつ上の前座が兄さんで教育係だった。仕事は真面目で腰が低く、全く落ち着きがない。何にもすることなくてもずーっと動いていて「いいよいいよ、大丈夫大丈夫」が口癖の優しい兄さんという印象。すぐに意気投合して同じ東武東上線住みだったので池袋でご馳走になった。

その日は、盛り上がりすぎて終電を無くすと、私は「近くに友人の家があるんで、そっち帰ります」と帰って行ったらしい。失礼な後輩だ。

兄さんは三時間かけて朝霞までとぼとぼ歩いて帰っていった。が、次の日に文句一つ言わない。やはり優しい兄さんだ。

振り返れば本当によく飲みに行った。

ある時二人で歌舞伎町を歩いていたらキャバクラやら風俗やらの客引きがひどくて歩きづらい。そこで一言「あぁ、この人女に興味ないんです」と冗談で言ったら、客引きたちが兄さんを見てモーゼが海を割ったようにサーーーっといなくなった。その時の兄さんは大きなリュックを背負って坊主頭に血走ったぎょろっとした目つき、パッツパツの派手なシャツにパッツパツのスキニー。本当にそのように見えたんだろう。そういう雰囲気を持つ変わった人だ。

そんな兄さんも今では所帯を持ち一児の父。私はこの人のプロポーズに立ち会っている。一蔵兄さんたちみんなで花見をしているときに兄さんの彼女も来ていた。何年も長く付き合っているのに一向に結婚の話をしない。そういうのは踏み出せないタイプなんだろう。みんなから「今日プロポーズしちゃえ!」と言われて、みんなに見られながら「結婚してください」「……」そこにいた全員がヤベェと思った。少し間があったあと「……よろしくお願いします」ほっとした。大きな桜の木の下で花びら舞い散る中でのプロポーズ。まるでドラマのようだった。

不思議な雰囲気と優しさ。これは落語にも出ていると思う。ついつい怒った口調になってしまう与太郎のおとっつぁん。兄さんがやると何だか愛を感じる。そんな優しい兄さんだが、出会ってから二回だけキレたところを見たことがある。あの大きな目の瞳孔が広がり顔中の血管が浮き上がって真っ赤になる。怒らせたら一番怖いのはこの人かもしれない。これからも怒らせないようにするんでどうぞよろしく!

そして令和六年九月に我々同期の四人は真打になります。個性はバラバラですが寄席に足をお運びいただきまして、切磋琢磨してきた我々をご覧ください。

【書いた人】
古今亭始
平成21年7月、古今亭志ん輔に入門。
平成22年1月21日、前座となる。前座名「半輔」
平成26年6月11日二ツ目昇進、「始」と改名
令和6年9月21日より真打昇進(予定)

【書かれた人】
春風亭朝之助
平成21年、春風亭一朝に入門。
平成21年11月21日、前座となる。前座名「一力」
平成26年6月11日二ツ目昇進、「朝之助」と改名
令和6年9月21日より真打昇進(予定)

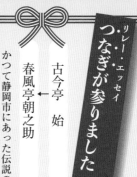

祝 令和六年春 新真打

12年ぶりの抜擢真打！ 突撃インタビュー

林家つる子

●**林家つる子** 群馬県出身
2010年9月 九代林家正蔵に入門
2011年3月 前座となる「つる子」
2015年11月 二ツ目昇進
2023年3月 真打昇進
PROFILE

―いよいよだね。

はい。あっという間に迫ってきました。はな平兄さん、まめ平兄さんの披露目と連続であったので、余計早く感じています。

―僕とはどれくらい一緒に修業したっけ？

兄さんのお礼奉公も含めたら約2年くらいは根岸で一緒に過ごしたと思います。

―前座の頃は大変じゃなかった？ 食べるのとか。

そうですね。食べさせられたというより、自分が好きで食べられちゃうんで、どんどん食べて太っちゃいましたね。だけど、はな平兄さんが前座の終わりくらいからダイエットを始めて、それから根岸の前座全体がダイエットをしようっていう雰囲気になって、それでなな子姉さんも私も抑えるようになって、少し戻りました。

―そんなこともあったね。俺太りすぎてて、100kgに行きそうになって、これはやばいって思ってあれで25kgくらい痩せたんだよね。

そのおかげで私たちも痩せられました（笑）

―前座になってからはどうだった？

2011年の震災のあとに前座になったんで、まずその印象が強いです。この状況で修業したり高座に上がったりして良いのかなって思ってました。

―あの頃はみんな思ってたよね。

学生の頃の落語（中央大学落研）と噺家になってからの落語と違いは感じた？　やる上で。

最初の頃は、落研の癖を出来るだけ無くせって言われたので、それを意識しながらやってました。

ー最初に師匠（林家正蔵）から「みそ豆」を教わるじゃん？俺なんか結構厳しくて、かなり直されたのを覚えてるんだけど、どうだった？

私は、ものすごく厳しかったっていう印象はなかったです。ただ、細かい指摘というかプロになるとこんなに細部にまでこだわって演出するんだなっていうのを感じました。師匠は、初めはテレビの印象というか、そういう華やかなイメージが強かったんですが、どんどんそのイメージが変わっていきました。落語に対する向き合い方とか、稽古熱心な所とか、人情が厚い方ですし。見せないところで努力している印象が本当に強いです。

ー稽古は、本当にしてるもんね。

私が入門した時は、師匠がよく映画に出演されていて、その撮影の合間に頻繁にネタおろしをされていたので、本当にすごいなあと思います。

ー今、新しい試みで女性を主人公にした噺をやっているみたいなんだけど、それをやるようになったのはどうして？

前座の頃から師匠に「色々なことやった方が良いよ。女性にしか表現できない落語があるはずだから」と言って頂いていて、それがずっと念頭にはありました。それで、最初に「子別れ」をやって、その半年後に「芝浜」をやりました。最初は本来の「子別れ」にシーンを足したぐらいだったんですけど、最近は本来のシーンを省いておかみさんの視点を中心に描いています。

ー「落語は男性目線で描かれている」って言われたりするけど、俺はそう思ってなくて、たまたま男性の人が多くてやって来ただけだから、自分たちが演じやすいように作って来ただけで、「男目線に作った」はちょっと違うと思んだよね。

私も正にそう思っています。たまたま、男性の演者が多かったので男性が主人公の噺が多いだけだと思っています。なので、私の落語も「女性目線」とか「おかみさん目線」っていうのだと違和感があって、最近は「おかみさんを主人公にして」っていう文言にしてもらっています。「おかみさんから描いた」というニュアンスです。元々ある噺の中にいる女性の登場人物を主人公に変えてみたという感じですね。

ースピンオフみたいな感じだね。

そうかもしれません。ただ、独演会とかでも言うんですけど女性の権限を落語の世界で確立させたいとかそういうのではなくて、描かれてないおかみさんの生活が気になってやってみたという感じなんです。その時の事実は変えたくないですし。

ーいつからこういう噺に取り組むようになったの？

２０２０年の初頭ですね。前座の頃から頭の中でずっと思い描いてはいたんですけど、二ツ目になってから日々の落語に追われていたというか取り組めてなかったんですが、一方踏み出そうと決意したのは２０２０年ですね。

ー意外と最近なんだね。で、「子別れ」をおかみさんを主人公にしてやったんだ？

はい。コロナになった年ですね。自分の独演会ということもあって、お客様の反応も良かったので、じゃあ「芝浜」もやってみようって思って半年後にやりました。そしたらコロナ禍に入っていきましたね。

ー今いくつくらいそういう噺（女性を主人公にした噺）があるの？

「子別れ」はおかみさんと、遊女の2パターン。「芝浜」のおかみさん。「紺屋高尾」の高尾花魁ですね。高尾花魁が久蔵に出会う前の話を膨らましてやっています。遊郭の中で女郎たちが話をするって落語には無いなあと思って。やっぱり今まで男性の噺家が多かったから、そういうシーンは生まれなかったんじゃないかと思います。なんで高尾花魁が久蔵に惚れるのかというのを、高尾花魁の裏側から描いてみようと思ったんです。

ーやっぱり噺家って、武器が出来ると強いよね。こういう試みは現代的だし、依頼も多いでしょ？

そうですね。ニュースで取り上げて頂いてからは特に増えましたね。ただ…

ーただ？

これをメインにしてやろうとは思っていません。こういう噺が好きだと言ってくださる方も多いので、もちろんこのジャンルも深掘りはしていきたいですけど。この取り組みによって、他の噺でも登場人物に対する感情移入とか、人物の心を深読みするという癖がついたので、色々な噺に役立てば良いなあとは思いますね。落語って、本来は余白があって想像する芸だと思うんです。全部を説明しないで、与えられた情報の中から、残りの見えない部分は想像する。だけど、私がやっていることは語られなかった部分をやって、そこを見せてしまう。なのでいつも、この挑戦する時は、諸説あるうちの一説と思ってお聞き頂けたら…とお伝えしています。

ー逆に新しいかもね。真打になったらどういう落語をやりたい？

ウチの師匠が仰るように、なんでもやりたいですね。そのままの古典もやりたいし、現代が舞台の新作もやりたいし、はな平兄さんとやってきた怪談噺もやりたいし、とにかく色んなことに挑戦したいですね。来てくださったお客さんが、テーマパークに来たような感覚になって欲しいですね。お化け屋敷もあったけどジェットコースターもメリーゴーランドもあったね、みたいなそういうのが出来たら良いなあと思います。そのためには、まだまだ地盤をしっかりさせなきゃいけないですけど。突き詰めると、「林家」の一門の明るさとか親しみやすさを大事にしたいし、それを貫いて行きたいと思います。

聞き手・撮影／林家はな平

祝 12年ぶりの抜擢真打！
突撃インタビュー

三遊亭わん丈

PROFILE

●三遊亭わん丈　滋賀県出身
2011年4月　三遊亭円丈に入門
2012年4月　前座となる。前座名「わん丈」
2016年5月　二ツ目昇進
2021年11月　円丈没後 天どん門下
2023年3月　真打昇進

ー真打昇進おめでとうございます！ 12年振りの抜擢真打ということですが、連絡を受けた時はどんな気持ちでした？

知らせがあった時はびっくりしたよ！ 3月16日の14時03分くらいに師匠の天どんからかかってきて！

ー昇進の知らせが来た時はやっぱり嬉しいもんですか？

言われた瞬間は嬉しかった！こんな若手のことまでみてくださってたんやって。でも言われた瞬間だけだね。

ーそういうもんですか？

だって認めてもらったことはすごく嬉しいけど、欲を言えばまだまだ二ツ目として勉強したい。その方が気持ちも楽だしね。

ーそれはそうですよね、抜擢で早まってる訳ですし。

師匠の天どんからも「真打になるのは大変な事だから、考えてもいいんだぞ」って言ってもらって。一旦自分の中でお断りしようかな、って思ったんだけど、自分のことって自分より周りの方がよくわかってるもんだし、しかも理事の師匠方が話し合われた上で「あいつならなんとかするだろう」って思って決めてくださったんだろうしね。

ーやっぱり色々な葛藤があったんですね。

最初に電話がきたその一時間後くらいにまた師匠から電話があって「おぅ…なんかあれだぞ、断れねぇムードだぞ…」って。

ーやっぱり断るのは無理だったんですね（笑）。

で、そこから師匠にあったかい言葉をいただいたりしてね。ありがたくお受けしようと。

ー落語家になろうと思ったのってどんなタイミングでした？

福岡でバンドやりながらラジオ出演してた時、東京に出ようと思った。それで浅井企画の人とお会いする機会があって、「俺はやしきたかじんさんみたいに歌手でお喋りもできる人になりたい」って話したんだけど、「芸能界に入るには君にはまだ入口となる芸がない」って言われて。で、芸とはなんぞや、と思って東京の色んな芸能を見たの。その中の一つが落語だった。

初めて池袋演芸場に入って、まずその空間が良かった。ライブハウスみたいだけど昼間から芸人が一人で老若男女を笑かしてるし。「これええなぁ」って思ったのがきっかけかな。

—なるほど。円丈師匠に入門を決めた一番の理由は？

一番笑ったから！

—シンプル！　だけどそうなりますよね。

芸能の世界は結局自分に力がないとダメだと思って。一からちゃんと力をつけてくれる人は誰だろう、やっぱり落語の世界で「面白い」っていうのは正義だから、一番笑った人のところにいこう、って自分の中のルールを作ったんだよね。

—円丈師匠以外も見ましたか？

もちろん！　めっちゃみたよ！　それこそ最初にみた池袋の3月下席の彦いち師匠ときく麿師匠、めっちゃ覚えてる。それで「落語っておもろいんや」って思ったもん。

—前座の時しくじってるイメージが全くないのですが……。怒られたりしてました？

俺の場合は師匠からかな…。

—円丈師匠から？　どんなことで怒られるんですか？

例えば駅でお見送りするでしょ？　その時師匠が「お前は〝わん丈が見送ってますよ！〟って圧がすごい。お前の視線は千代田線の鉄のドアを超えてくる」って言われた。

—見送ってるだけなのに⁉

ギラギラしてたんやね。だからうちの師匠にはよく「ぼんやりしろ」って言われたわ。

—円丈師匠に入門して分かったこと、兄さんから見た師匠のお人柄はありますか？

うちの師匠には親父と一緒のオーラを感じた。普段は優しいんだけど瞬間湯沸器でボンッてなんかのタイミングで怒るの。でも、そんな師匠と一緒にいられるのがすごく幸せだった。

弟子入りなんて、先にこっちから理不尽を吹っ掛けてるわけやん。タダで芸を教えてください、飯を食える一人前にしてください、この業界に入れてください、ってとんでもない理不尽をしてる。だから師匠から多少の理不尽や出来てないことで怒られるなんて当たり前。

その上で大好きで、世界一おもしろい人と一緒におれるわけで。だから見習いの期間が長かったけど幸せやったし、その期間が自分の大部分を作り上げて

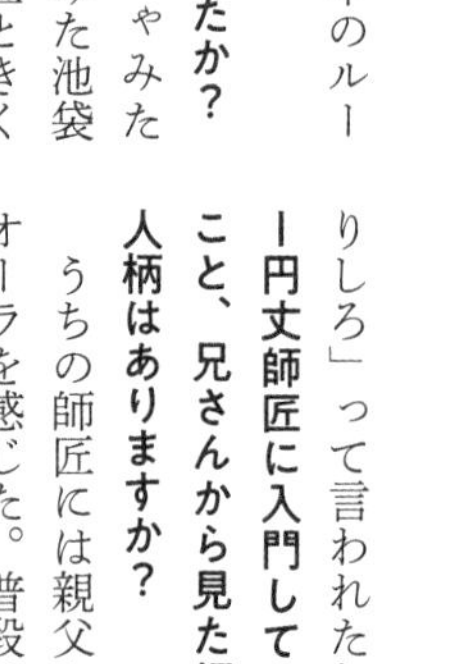

いると思う。

師匠は第2の親父だってよく言うけど本当にそうだと思ってる。でも師匠曰く「それはマスコミ用だ。お前みたいに親父って言って来る奴はいねぇ」って1回マジで怒られたもん（笑）。

—尊敬してたら怒られたんですか⁉（笑）

でもめちゃめちゃ好きなのよ。もうなんでも喋っちゃうくらい。だからたぶん本当に鬱陶しかったんだと思う（笑）。そんだけ師匠のこと好きなんよ。だから本当に円丈の役に立ちたいし、今は天どんの役に立ちたい。

—前座修行中、楽屋での思い出は？

それがねー、あんま覚えてなくて、もう全部円丈なのよ…。あ、小もんさんみて思い出したけど、前座の頃、博多天神落語まつりで、小里ん師匠がいつもどおりの寄席の落語で福岡のホールを大爆笑にした時「どうだ！　すごいだろ！」って俺はなんにもしてないのに勝手に嬉しくなったことがあった（笑）。もう落語協会過激派みたい。

ー円丈師匠はお弟子さんに稽古つける時はどんな感じですか？

めちゃくちゃ丁寧にやってくれるよ！　もう気質が先生。

がっちり稽古つけてくれたのは「八九升」「からぬけ」「やかん」「無精床」「蝦蟇の油」「強情灸」の6つかな。で、前座の2年目くらいかな？　強情灸やった時に「もうくるな」って言われた。

ーえ!?　それはまたなぜ？

「変な俺を見てるみたいだ」って。「俺のこと見過ぎだ。似るときって良いところは似ないんだよ」って。だからそれ以降稽古にいけなくなっちゃった。悲しかったな（笑）。

ーそれは悲しいですね、でもその都度アドバイスはくれたりするんですか？

もちろん！　中でも覚えてるのが、前座の終わり頃、二ツ目昇進が決まったくらいに初めての長講で「井戸の茶碗」を覚えたのね。その後円丈が「見せてみろ」って聞いてくれたの。そしたら「お前、全員にスポットを当ててるな。落語はスポット当てるのは2人まで。この噺は屑屋にスポットは当然当たるから、あとは高木か千代田、どっちに当てるか選べ」って言われて。落語の技術論だよね。だから今でも困った時に助けてくれるのは師匠なんだよね。

ーめちゃくちゃいい話ですね！　では最後に今後の展望はありますか？　新作、古典どちらに力を入れるなど。

どちらもなにも、この業界にいるのはみんな伝統芸能の「中継者」でしょ。だから教えられたことは全部吸収して、あとから入ってくる人に伝えないといけないじゃない。

で、まだ今の俺にはそのどれが自分に向いてるかなんてわからない。だからなんでもやるのよ。とにかくやるんだよ。

誰かからなにか聞かれた時に、自分が教えられるか、それは俺じゃなくて他の人に聞いた方がいいよとか、そう言えるようにならないと伝統芸能に携わる人間としてダメだと思ってる。だから未だに覚えてるよ、前座会の最後に後輩たちに言ったこと。

ーえ!?…

太鼓でもなんでも、ちゃんと習って、ちゃんと覚えて、ちゃんと伝えていってくださいって言った！

ーお…覚えてま…す。

覚えてないな！（笑）

ーすみません……。

今回の取材では師匠愛、落語に対しての向き合い方などなど、取材させてもらった側が勉強になることばかりでした！

緑助のポンコツ具合もあらわになりましたがそこはご愛嬌。でも今回伺ったことは全て覚えてます！　だって録音させてもらったからね！　これを正しく伝えるのも「そろそろ」の宿命。

緑助の文章じゃ正しく伝わらない？　そう仰るなら今度録音聞かせましょうか？

聞き手／柳家緑助　撮影／柳家小もん

創業96年の店内には昭和・平成・令和各時期のリフォームや修理が施され3つの時代がクロスする、タイムカプセルのような心休まる空間。

五代続く
散髪一家
鋏は親から子
子から孫へ・

地元密着！愛され理髪店

「カフェに入ったつもりが……そこは美容室だった」なんて話をよく耳にする昨今。「髪ぃさん（髪結さん）」や「パーマ屋さん」という言葉を使う年代も限られてきているなか、福井県の港街で「床さん」の愛称で地元民から多くの支持を得るバーバームライの店主・村井惣一郎氏（34）に話を聞いた。

「小さい頃から妹と一緒に店と母屋を行ったり来たりしてましたから、店は遊び場みたいな感じでした。正直あんまり、家を継がなきゃ！みたいな気持ちはなかったんですけど、ある時自分が憧れている中学の先輩たちの髪はみんな父や祖父が整えてるんだって気がついた時から急に2人がとてもかっこいい仕事をしてるって思えたんです。腹を括ったのはその頃でしたね。」

――専門卒業後はすぐ実家へ？

「そうしたかったんですが、父や祖父がそうしたように他所の床屋で4年間修行をしまして、いよいよ実家戻るって頃に祖父が急に亡くなってしまいまして、親子3代で店に立つことは叶わなかったんですが、実家で10年近くやってみて、今は父とのリズムが出来たと思っています。」

息子に店を継がせる気はないと話す村井氏だが老舗理髪店の後継者に相応しい清潔感のある刈り上げは幼い後頭部に輝いていた。（尾藤仁加美）

白衣のアイロン掛けは
毎朝のルーティン。
売道具も大事な仲間

前座時代

第1回　柳家小里ん

2023年末の時点で落語協会所属の真打は213名。この213名は全員個性も芸風も生い立ちも異なるが、唯一の共通点がある。それは全員が前座修行を経験した、という事。寄席で活躍する師匠方は一体どんな修業時代を過ごしたのだろうか。今回は柳家小里ん師匠に話を聞いた。

やなぎや・こりん
1948年1月22日生　東京都台東区出身
1969年五代目柳家小さんに入門。小多け。
1974年二ッ目昇進。小里ん。
1983年真打昇進。

前座修行の本質

—1969年に小さん師匠に入門して1974年に二ッ目昇進という事ですが、前座期間が少し長いですね。

当時は前座がすごく多かったから「弟子を取るのはいいけどいつ前座になれるか分からない。それでも良かったら取ってもいい」という事になってた。だからいつ前座になれるのかわからないまま3年見習いをやったんだ。今考えるとよく我慢できたと思うよ。3年辛抱しなさいって分かってるのとは話が違うからね。

—前座さんの空気感は今と違いますか。

うん。今よりみんなちゃんとしてたよ。今は何だかマニュアルっぽい動きなんだよな。教わった事をこなしてるっていうか。昔の前座さんは自分なりに色々考えて動いてたね。マニュアル通りに「これをしなさい」っていう教えじゃなくて「前座とはこういうものです」っていう教えだったね。だから今

オレらの頃は
しくじるのが当たり前。
しくじりながら
覚えればいいんだよ。

の前座さんと考え方が違ったね。今でもたまに小言言うんだけど、できないヤツに着物を畳ませるなよ、って。それも当人の目の前でね。小さんのウチはタイムウォッチもって着物の畳み方の競争をするような事を毎日やってたからね。前座の時は早く着物を畳めるのが自慢だったりしたよ（笑）。

そうやってできる人が着物を畳めばいい。昔は「舞台で着る着物で稽古させるな」って怒られたよ。そこが今と考え方の違うところで、ちゃんと前座修行の本質を分かってるか分かってないか、っていうところなんだよ。本質が分かってれば、舞台で着る衣装で稽古させる事がおかしいって気が付くんだよ。

よく着物を畳むときには手のひらを着物につけるな、って教わるだろう。そういう風に教わったからそうするんじゃなくて、舞台で着る衣装なんだからベタベタ触らないってのが本来なんだよ。それと一生懸命修業しているやつが陥りやすいんだけど、修業したから偉くなれるわけじゃないんだよ。あくまで噺家としての考え方や振舞いを学ぶための場所なんだから。こんなもんやりたくねえって思ってやってりゃ一番いいんだよ。だって前座修行なんて、やりたいやつはいねえと思うんだよな。

—働く上での大前提が違った、という事でしょうか。どうして変わっていってしまったのでしょうか。

どっかの時代からマニュアルを作りすぎたんだろうね。しくじらないようにしすぎたんだよ。オレらの頃はしくじるのが当たり前だと思ってた。オレたちは噺家になったときに金銭的な間違いと対外的に変な事件を起こさなければ、クビにならないよって先輩方から言われてたからね。だからどんなにしくじりがあったって、ちゃんとに謝りにいけば許してくれるだろうっていう気持ちもあったしね。しくじりながら覚えればいいんだよ。

内弟子修行

―師匠は入門から6年間内弟子修業ですね。家での師匠やおかみさんは厳しかったですか。

間違ったことすれば小言を言うこともあったけど、師匠は気づいていてもあまり言わない人だったね。おかみさんもそう。

ある時、今のさん遊さんが「行ってまいります」って寄席へ出かけて行ったらおかみさんが呼ぶんだよ。「小多け、おいで。見てごらん。あの子はあそこの角曲がったらタバコに火をつけるからね」って。みんな分かってたんだよ。あとさん八さんが台所でたばこ吸ってたら、おかみさんが来たからタバコを後ろに隠したんだな。そしたらおかみさんが「まるでカチカチ山だね」って(笑)。そういう家だったから居やすかったね。

でも師弟ってのは不思議なもんで、その師匠を尊敬してその人のそばに居たいと思って弟子になるわけだよな。でも弟子になった瞬間から「早くでかけねえかな」って思う(笑)。

ある時、師匠が旅の仕事に行っちゃっておかみさんもいない、なんて事があってさ。その頃さん遊さんと小団治さんが一緒に二ッ目になるから、師匠のうちでみんなで金を出し合ってすき焼きでお祝いをしようって事になった。

その時居たのがオレとさん喬、小袁治、さん八、小団治、さん遊、6人。でも名古屋の仕事だと師匠が帰って来るかもしれない。師匠が名古屋に泊まるなら安心してすき焼きができる。だからお供についてる小袁治さんに、師匠が東京に帰って来るなら電話してくれ、って言っておいたんだよ。

で夜9時過ぎになっても電話が来ないから「もう泊りになったんだろう」ってんでみんなで酒飲みながら、台所ですき焼きやってた。そしたら外の門が開く音がする。ああ小袁治さんが帰ってきたなと思ったら玄関の戸がガラっと開いた。普通弟子は勝手口から入って来るから「オイッ!」てんで慌てたよ。玄関から入って来るって事は師匠が帰ってきたかもしれない。でオレが玄関見に行ったら小袁治さんしか居ない。驚かそうと思って玄関から入ってきたんだな。でもそこはシャレだからでっかい声で「おかえりなさいまし!」ったら台所でバタバタタバタッ!って慌ててる(笑)。

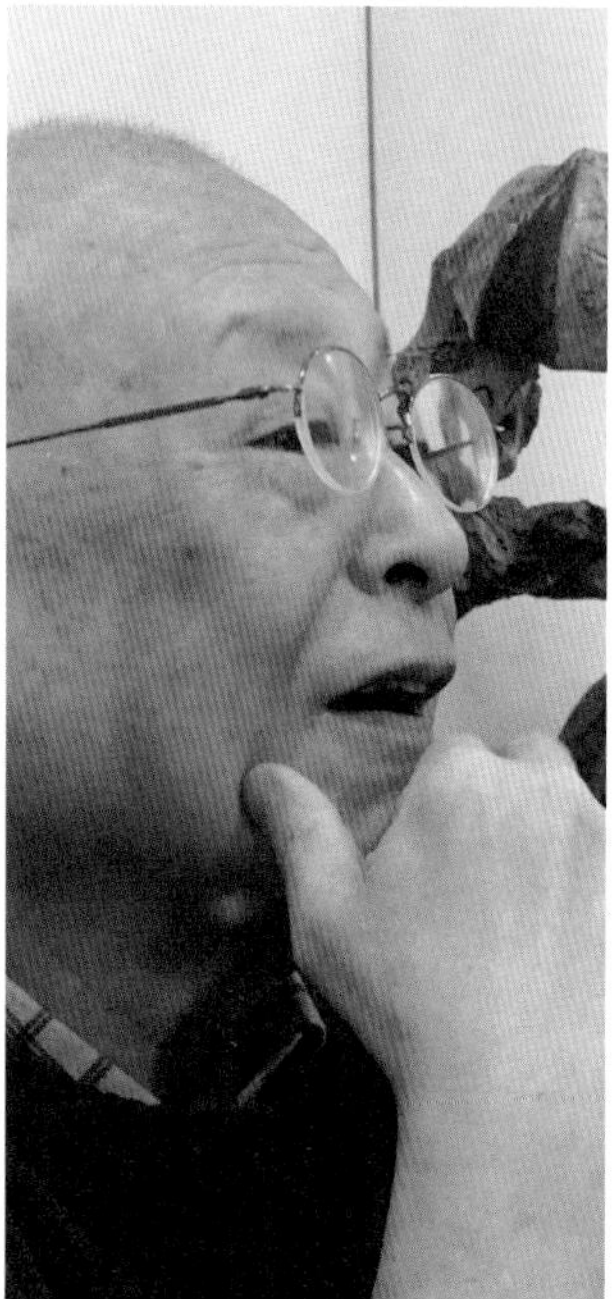

今思うと師匠は本当に器の大きい人だったよ。あれだけ素直に生きられる人っていないなあと思うね。

二番煎じと同じだね（笑）。みんな鍋とか茶碗とか掴んで中腰でバタバタしてる（笑）。

毎日、修学旅行やってるみたいだったね。内弟子じゃない通いの弟子ものべつ道場に泊まりに来てた。それも前座のくせに師匠ンちのワキで飲んで帰って来るんだぜ（笑）。

あと、夏に師匠が剣道の稽古して湯に入る前にふんどし一丁になってんだよ。でオレはおかみさんから寝巻用にってんでシミーズ（女性用肌着）もらってるから、それ着て掃除してる。そこに人が訪ねてくるとオレがシミーズで出て行って、その後師匠がふんどし一丁で出てくんだよ（笑）。これは驚くだろうね（笑）。

—師匠の時代の内弟子修業はさぞ厳しいかと思ったんですが、意外と穏やかな部分もあったんですね。

うーん。うちはそういう冗談とか好きな一門だったんだね。他の一門とはちょっと違ったかもしれない。今思うと師匠は本当に器の大きい人だったよ。物事にこだわりを持たなかった。あれだけ素直に生きられる人っていないなあと思うね。弟子のえこひいきもしなかった。うちの師匠が一番うれしいのは、弟子がこの世界でどんな形でも食っていけてるって事なんだよね。だからオレの芸をちゃんと継承しろ、みたいな事は言わなかったね。

（インタビュー／三遊亭伊織、柳家小もん　写真／柳家小もん）

SOLOMON'S ROOM

PROFILE ●いりふね・たつのすけ　日本大学芸術学部卒業後に入船亭扇辰に入門
2012（平成24）年11月1日 前座となる　前座名「辰まき」
2014（平成26）年7月29日「辰のこ」と改名
2017（平成29）年5月21日 二ツ目昇進「入舟辰乃助」と改名

入舟辰乃助　聞き手●春風一刀

ソロ者《モン》の部屋

ソロ者よ、私は帰ってきたーッ！　ということで、ガトーならぬイットーがカムバックだぜィ！　イエーイ！やったね！　さぁ、久々にインタビューしちゃおっかなァ？　お相手は『亭』無し界のレジェンド。入舟辰乃助兄さんだよー！　根掘りン葉掘りン聴いちゃうよー！　チェーケラッ！

一刀（以下、刀）「兄さん、めちゃくちゃ部屋キレイじゃないスか！」
辰乃助（以下、辰）「ンな事ないよ」
刀「住んでどのくらいスか？」
辰「4年半かな」
刀「一人暮らしは何年ぐらいスか？」
辰「大学最後の時からだから、もう結構なるねぇ」
刀「最初どこすか？」
辰「江古田」
刀「あ、日藝ですもんね」
辰「そうそう。でも、今考えるとすごい物件だったね」
刀「どんな物件だったンスか？」
辰「家賃1万」
刀「安ッ！　えっ、破格過ぎません？」
辰「1年経ったら取り壊すって物件でさ。だって、建てられたのが戦前？　1940年代とか言ってたよ？　ただ寒いし、音丸聞こえだしね。でも良かったよねェ」
刀「噺家になって最初どこ住んだンスか？」
辰「師匠ン家の近く」
刀「なるほどー！　いいなぁ、東横沿線！　一度でいいから住んでみたい町ですよ」
辰「いやぁ、俺もまさか人生であんなオシャンな町住むとは思わなかったよ！」
※扇辰師匠のお宅はオシャンな所にあるのだ！
刀「確かにオシャンですね！　オシャンティーなのよ！」
辰「だって、俺、地元小平よ？　江古田でも『やっぱ23区違う』とか思ってたのよ？それがもう目黒区だからね？　ハンパないよね！」
刀「ですよねー！　扇辰師匠ン家の近くには何年ぐらい？」
辰「6年かな。で、1回実家戻ってココ」
刀「なるほど。でも一人暮らしって寂しくならないスか？」
辰「なるよー。ふとした時、寂しくなるよ！」
刀「やっぱり！」
辰「うん。コロナ禍は特にヤバかったね」
刀「あぁ」
辰「だから、俺、アレ買っちゃったもん（指差す）」
刀「……アレ？」
辰「そう。あの絵」
刀「あれって、江口寿史先生の？」
辰「うん」
刀「高かったでしょ？」
辰「4万くらいかな？」
刀「高ぇ‼　兄さん、金持ちかよ⁉」
辰「いや、当時ココ越してきて半年くらいでコロナになってさ？　もう暇じゃん？　寂しくなってさ。彼女もいないからさ。だから、女性の絵でも買おうと思ってサ？　買っちゃったよね」
刀「いいなぁ。それは買うわ」
辰「だろ？　買うだろ？でもコレ今ね、値上がって10万くらいするらしいよ」

刀「えっ、マジで⁉すげぇ‼　兄貴、パねぇ‼」
辰「だろ⁉　いやァ、あの女の子かわいいなぁと思って買っちゃったわ」
刀「いや、確かにかわいいけどサ」
辰「かわいいだろ？　だから、あの子を彼女だと思ってサ？」
刀「おいおいおいおい。病んでンなァ。辰兄ぃ、病んでンなァ！」
辰「そうかい？」
刀「だって絵の女性に恋したら、それもう紺屋高尾よ？」
辰「あ、ごめん。俺、幾代餅なのよ」
刀「あ、そっち？」
刀「兄さん、趣味は何ですか？」
辰「まぁ、強いて言うなら銭湯かな？」
刀「兄さん、お好きですよねー」
辰「そうねー。好きねー」
刀「えっ？サウナが好きなんスか？」
辰「ううん、俺はもっぱら風呂」
刀「あっ、サウナーではない？」
辰「いや、あれば入るよ？　けど、基本風呂派かな」
刀「じゃあ、近所に行きつけの銭湯が？」
辰「あるね。ただこの辺、十軒あるのよ」
刀「多くない？」
辰「いや、だから嬉しいよね。飽きないもん！」
刀「週にどのくらい通うンスか？」
辰「……5」
刀「えっ、週5⁉　通い過ぎでしょ⁉」
辰「いやいや、つい行っちゃうのよ」
刀「いや、行き過ぎじゃない？　ってか、十軒あっても週5行ってたら飽きるでしょ⁇」
辰「これが飽きないのよ～！」
刀「ウソだよ～！　じゃあ、今日は？」
辰「行っちゃうのよ～！」
刀「マジで？　えっ、昨日は？」
辰「行ったのよ～！」

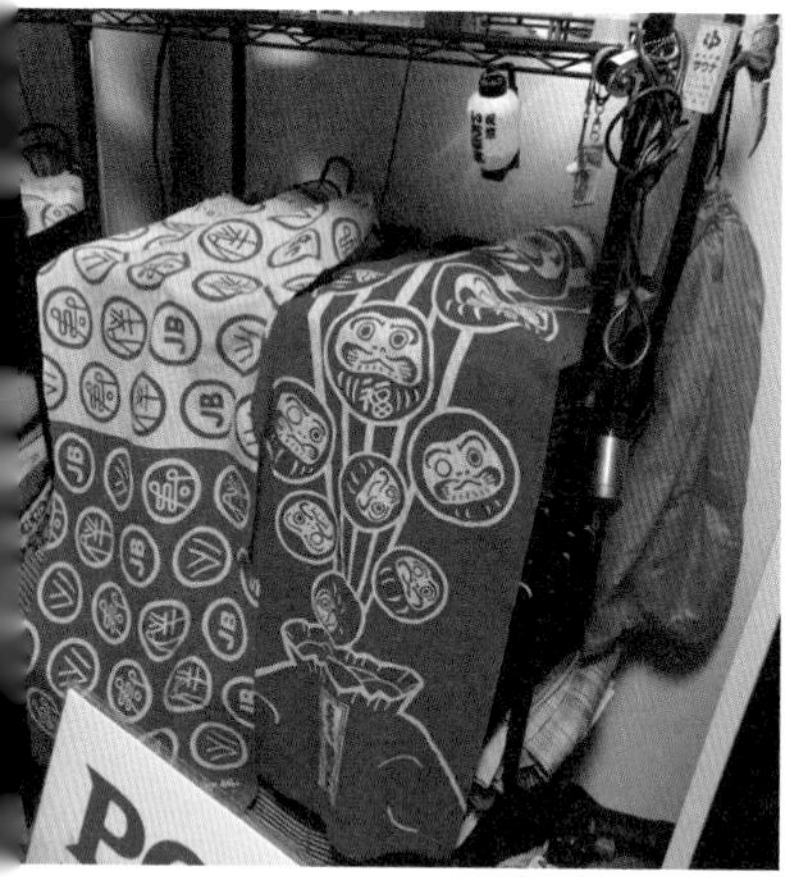

刀「マジか！　えっ、一昨日は？」
辰「……行っちゃいました～！」
刀「いや、行き過ぎなのよー」
辰「だから仲良いもんね。店の人と」
刀「へぇー」
辰「うん。だから、もうどうしようもなくなったら雇って貰おうかなと思って」
刀「兄さん、何するの？」
辰「三助」
刀「あ、それだったら俺もやりたい」
辰「一刀、男湯専門な」
刀「ひでぇ」
辰「香盤出してくスタイルだから」
刀「それにしても、なんか部屋お洒落ですねェ」
辰「いやいや。普通よ普通」
刀「いやァ、ンな事ないでしょ。何かこだわりとかあるんですか？」
辰「うーん。こだわってるワケではないけど、ちょっと風水気にしてるかな？」
刀「ヨッ、出ました！　スピリチュアル芸人！」
辰「いや、あなたもでしょ！　つっても、軽くよ？　軽く」
刀「具体的にはどういう所を？」

辰「ヒガシアカ‼　ニシキイロ‼　コレよ‼」
刀「いやいや、分かんない分かんない。何それ？どういう事？」
辰「だからさ、東の方角に赤とかオレンジの物を飾るわけ。で、西には黄色の物を置くと。そしたら、もう凄いよ⁉」
刀「何がどう凄いンスか⁇」
辰「コレを実践した翌日、仕事来たから‼（ドヤ顔）」
刀「ホントにぃ～⁉　ウソだぁー‼」
辰「マジマジ‼　俺もびっくりしたもん‼」
刀「そんな事ある～⁇」
辰「しかも、単発じゃなくてレギュラーのヤツだからね⁉」
刀「マジか⁉　あっ、俺もやろッ‼」
辰「ハハハ。あっ、やる？」
刀「やりますよッ‼　何でしたっけ？　さっきの謎の呪文？」
辰「東赤‼　西黄色‼」
刀「あっ、そうだ！　えっ、それを実践するとイカつい仕事が来るのね⁉」
辰「いやぁ、分かんないよ？　分かんないけど、俺は来たよ」
刀「マジかぁー！　やってみよー！」
辰「来たら10％マージンね？」
刀「この兄さん、イカついわァ～」
刀「ということで、そろそろインタビューも終わりが近づいて参りました」
辰「ありがとうございました」
刀「こちらこそインタビュー受けてくださり、ありがとうございました」
辰「ただねぇ、一つ言い忘れてた事があって」
刀「何スカ？」
辰「実は来月引っ越すんだよね」
刀「えぇー⁉　マジすか？じゃあ、この号出る頃にはココには？」
辰「居ないのよ～」
刀「マジか～」
辰「ごめーん」
刀「そっかぁ。いや実は僕もね？　今日インタビュアーやらせて貰いましたけど」
辰「うん」
刀「本日を持って、そろそろ卒業なのよ～」
辰「えぇー！　あ、ホントに？」
刀「はい」
辰「じゃあ、この号発売される頃には？」
刀「居ないです～」
辰「ふたりとも居ないんかーい」
刀「やはり、お互い『亭』無しですから、気が合いますな？」
辰「やかましいわッ‼」

はーい！　良いインタビューだったね☆　ということで、一刀はこの号を持って卒業します！　そろそろの事は嫌いでも、一刀の事は嫌いにならないでください！　では、またいつの日かお会いしましょうー！　バイバ～イ☆

（取材と文・春風一刀、撮影・柳家小もん）

センター

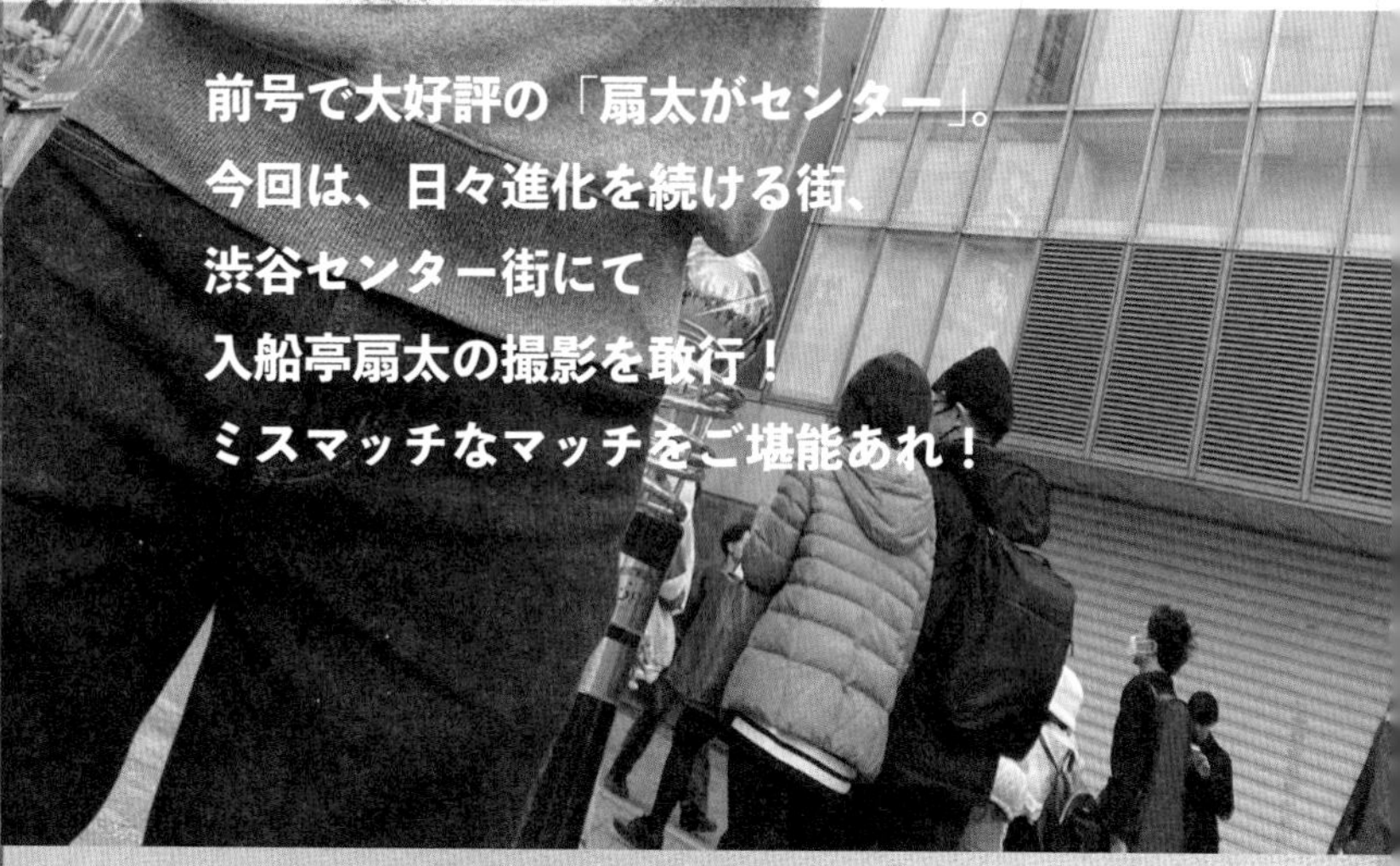

前号で大好評の「扇太がセンター」。
今回は、日々進化を続ける街、
渋谷センター街にて
入船亭扇太の撮影を敢行！
ミスマッチなマッチをご堪能あれ！

扇夫が

お馴染みの「昭和チンピラ」スタイル。
今日はみかじめ料の
集金におでかけ。

90年代のストリートファッション誌を
彷彿とさせる壁。
どの壁でも同じか……。

ひとつのオリジナル、
それぞれのスタイル。

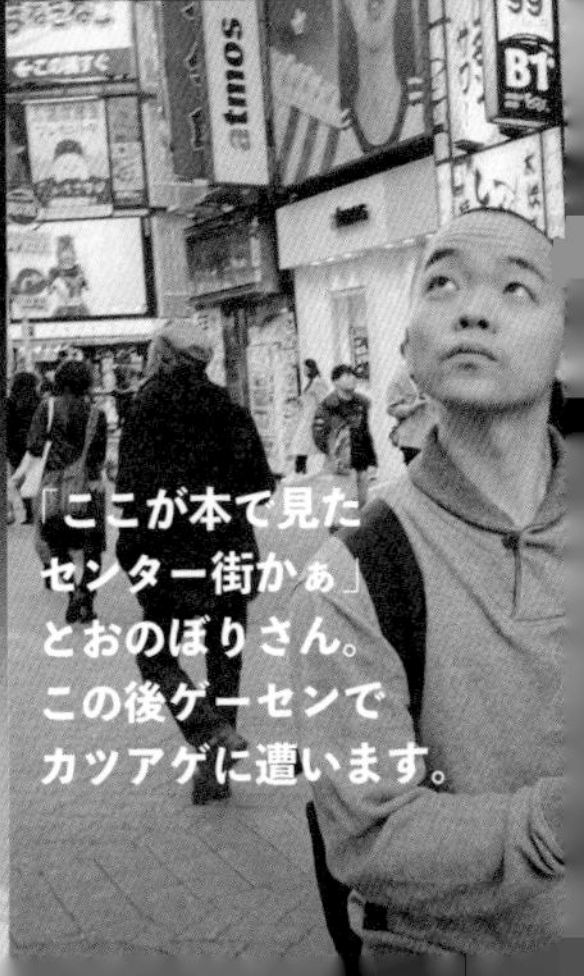

「ここが本で見た
センター街かぁ」
とおのぼりさん。
この後ゲーセンで
カツアゲに遭います。

そろそろ二ツ目　おれたちのショートムーヴィー

短編『十二月某日』～ある暮れの一日～

二〇二三年、十二月某日。来年、二ツ目に昇進する前座の三遊亭まんと、入船亭扇ぱい、金原亭駒平は、それぞれ別の駅にいた。気がつけば、もう暮れである。そうして気がつけば、これが前座としての、最後の暮れである。前座から二ツ目。忙しく行き交う人たちに伝えても、ああ、そうですか、と言われるだけだろう。そのくらい小さな世界のはなしであるし、ごくごく小さな変化にも思われる。けれども、それは当人にとっては人生の一大事である。想うことも、少なくはない。

第一章「三遊亭まんと」

その日、おれ（三遊亭まんと）は、上野駅にいた。外套に身を屈め、公園を抜け、パンダ橋を渡った。同期三人同級生というのは、考えてみれば奇蹟ではなかろうかと、そんなことをふと考えていた。そして上野の空を見ながら、二人のことを想った。扇ぱいと駒平——

扇ぱいは、はじめ会ったときには会社員のような真面目な印象を受けたが、今では愛らしい人だと思っている。以前、貸していた千円を返してくれた際に、千円札に「まんとさんに返す」と付箋が貼ってあったことがある。真面目の中に、可愛らしさがある人なのである。その千円札は、なぜかまだとってある。

駒平は会った時から元気だった。今では、元気どころではない。一緒に買い物に行くと、立ち寄った全ての店の店員さんと幼馴染かと思うくらい話す。半日でおれの二日分、扇ぱいの三日分の発言量を誇る。しかしそんな駒平も、一人の時はどうしているのだろうと思うことがある。明るさの中に、寂しさがある人なのである。

二ツ目になる。名前は漢字になり、萬都と改める予定である。わからないことだらけだが、それを楽しみたいと思う。圓窓一門約二十五年ぶりの二ツ目ということになる。今年もう、暮れである。まだ

振り返る余裕はないものの、これが前座として最後の冬かと、楽屋の火鉢に炭を入れているときに、今日はしみじみと思った。将来は、ちゃんとした人になりたい。そうしてちゃんと落語がやりたい。それは当たり前のことだが、決して簡単なことではないと思う。

　奇蹟もまた、そうだ。それは簡単でない。けれども、それは当たり前のように現実にあったりする。同じ年に生まれ、一緒に楽屋入りをした。性格も経歴も故郷も三者三様、ばらばらである。それは奇蹟に近いと思えば、やはりそうだ。二ツ目になっても、また当たり前のようにふと集まって、一緒に焼肉でも食べられたらと思う。

第二章「入船亭扇ぱい」

その日、おれ（入船亭扇ぱい）は鶯谷駅にいた。煌びやかな大人の街を歩いて、跨線橋まで歩いてきた。今、こうして落語家としていることは、必然なのか、偶然なのか、考えるほどにわからない。そして鶯谷の空を見ながら、ふと、二人のことを想った。まんとと駒平――

　まんとさんは、落ち着いた人だなというのが、最初の印象であった。しかし付き合ってみると、笑いの種を、常に探している人なのだということが、段々にわかってきた。大人と遊び心の均整のとれた人なのである。無防備で、無邪気なところもある。数年前、引越しを手伝ってもらったとき、新居へ荷下ろしが全部終わって、レンタカーを返して戻ってくると、まんとさんが、大の字で、大きないびきをかいて寝ていたことがある。あのときは、図らずも、きゅんとした。可愛かった。

　駒ちゃん（駒平）は、最初会ったときから、小顔である。今も小顔だ。一見底なしに明るい。しかし、憂いを内包している人。儚くも、陽気。繊細。それらを持ち合わせている人。そういう駒ちゃんを見ていると、もっと大胆に生きよう、とでも言いたくなるが、それでもそんな駒ちゃんがまた好きだから、おれはそっと見守っている。たまたま通りかかった人と、仲良くなる。居酒屋の隣の人とは友達になる。人との距離を一気に詰める才能がある。そんなことは、日常茶飯事だ。駒ちゃんは、やっぱり駒ちゃんだ。ずっとそのままがいい。

　二ツ目になる。扇七と名を変える。また年の瀬を前座で迎えた。五回目の初席を控えている。今日の東京は、十二月なのに気温二十度。変な天気。それでも、風は身に染みる。これが前座の、暮れの、最

後の風だ。切ない、暮れだなと思う。遠い未来は見通せない。どうなるかわからない。とにかく向こう数年の抱負としては、噺の数が少ないので、精力的に増やしていきたいと思っている。暇な日がないように、公私充実の日々を過ごしたい。

　同期三人。平成元年生まれ。その偶然に感謝。あるいは偶然とは、吉事であっても、災難であっても、きっと感謝するべきことなのかもしれない。この前座生活を、その苦楽の時間を、共に過ごせた二人が、おれにはいる。

第三章　「金原亭駒平」

その日、おれ（金原亭駒平）は、日暮里駅にいた。太田道灌公の像を眺めて、安い立ち食い蕎麦を食べ、見えない星を探しながら、呆然と考えを巡らしていた。そして日暮里の空を見ながら、二人のことを想った。まんとと扇ぱい――

　まんと兄貴は、知識が豊富で頼れる兄貴だ。日々の事を、嘘だろ、盛ってるだろ、と思う位に、一席噺に昇華するのが上手い。だからなるべくこの兄貴には伝えたくない。笑いを、持っていかれるから。そんな兄貴は、一人だけ食えれば良いって状況じゃない。世界で二番目に好きな娘さんと一番の奥様が、兄貴にはいます。なんだか何かの歌詞みたいになっちまったけど、本当にそう思うよ、兄貴。なので二ツ目になってからは、血眼になって、高知の星になってくれよな。それから早く、おかみさんに会わせて欲しい。実は、未だに本当にいるのか、少しだけ疑ってんだぜ。

　扇ぱい兄ちゃんは、物腰がすごく柔らかくて、同い年と思えない程に礼儀正しい、おしゃれ紳士なんだ。この人、実はバツイチ子持ちなんじゃないかと疑うくらいの、人生経験。おれは大分出身で、アクセントがおかしいことが多々あるんで、兄ちゃんには、すぐに聞いちゃうよ。本当に助かってる。ありがとう。三人の中でも、常にクールなんだよね。冷静。でも、本当はもっとイカれてると思うんだ。大体、おれのことを本名のゆきまるって、呼んできたりするからさ。でもおれも、礼儀正しい何かに包まれた内側に隠されてるタカヒロに会いたいと思ってる。

　二ツ目になる。名前はそのまま。ああ、これがもう前座としての、最後の冬なんだなぁ。寂しいなぁ。もう少しやってもいいなぁ。なんて、全く思わない。早く二ツ目になりたくてしょうがない。聴いていて面白い、場が明るくなるような噺家になって、寄席はもちろん、テレビ、ラジオ、舞台、海外……世之

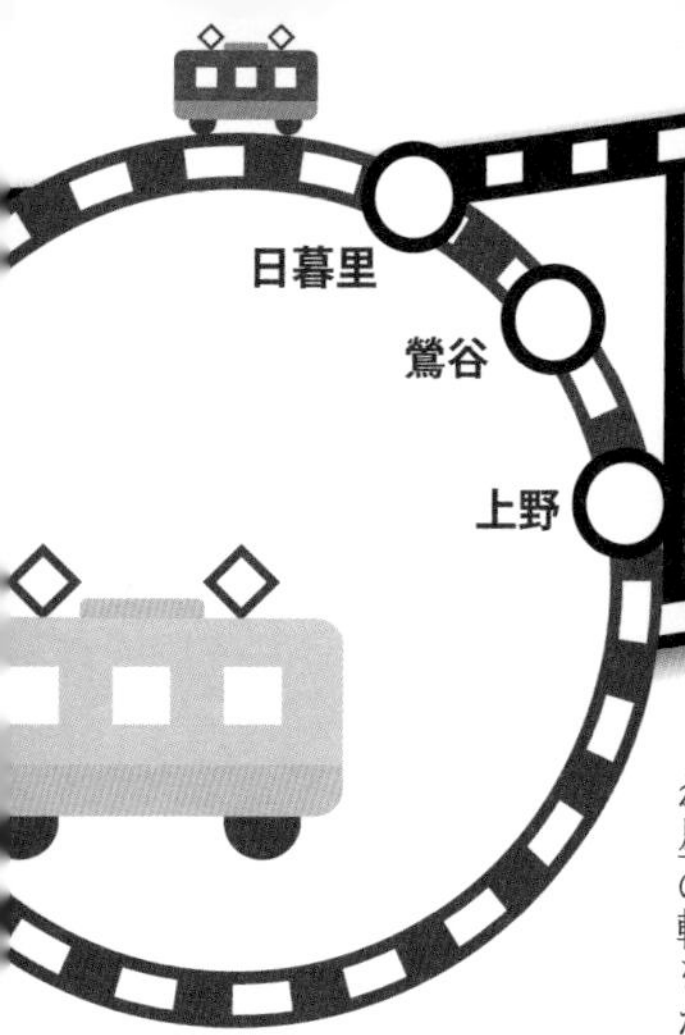

介を見習って、活躍の場を広げていきたい。そして、いつかは寄席でトリを取って満員御礼札止め噺家になりたい。いや、なる。きっと。

三人で、なろうよ。一番星に。おれたちは、生まれた日は違うけど、死ぬ日も違うんだから。おれたちの時代が、きっとくる。兄貴はホテルマン、兄ちゃんはアナウンサー、そしておれは役者だった。今では三人、同い年の落語家だ。

それぞれの夜は更ける。それぞれの街で。来年、三人は二ツ目になる。それぞれの道を行く。そうなればもう、あとは個人の世界になる。それでもおれたちは——きっと何かで繋がっているんだ。上野、鶯谷、日暮里。都内北東部の三つの星座のように。

山手線及び京浜東北線は入れ違いながら東京に流れ星の輪をかけて走り去る。師走の人はなおも忙しい。三人の前座は、大きな荷物を抱えて、それぞれの帰路につく。明日も寄席である。二〇二三年、十二月某日。

あとがき

このお話は、三人のインタビューをもとに、おれ（林家彦三）が組み立てた物語風の記事です。構成上、前座らしい言葉遣いや香盤の上の人を兄さんと呼ぶ習わしなどは、避けさせていただきました。これはあくまでもフィクションです。ご了承ください。ただ、仲が良いのは本当。三人とも、言葉遣いがとても丁寧な、本当に良い後輩たちです。

あ、おれはこの原稿をどこで書いているかって？おれはもう二ツ目になって久しいので、港区某所の夜景の見える高級レストランで、この原稿を書いています。そして一杯数十万円のワイングラスを傾けながら、三人のことを想う。まんとと扇ぱいと駒平——

ご協力ありがとう。いつになったら、ここまで来られるかな。そしておれは在りし日の前座時代を回想しながら、眼下に遠く東京の夜景を眺める。（完）

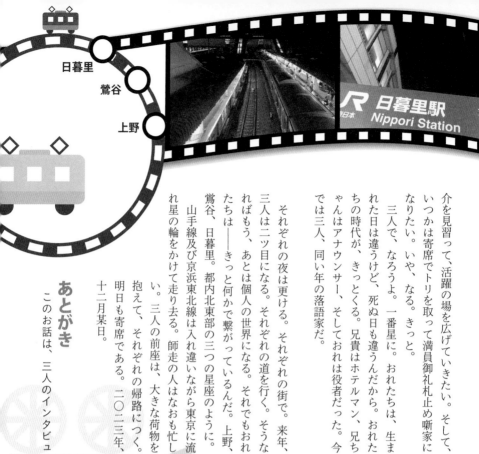

手ぬぐいはともだち

『噺家の手ぬぐい』（日東書院）を出版したのが、今を去ること17年前の2007年。それ以来『手ぬぐいはともだち』として仲良くやっているキャプテン玉の輔です。ブログ……現在はnote、そしてYouTubeと世の中に噺家の手ぬぐいを紹介してまいりました。毎年『噺家の手ぬぐい大賞』なるものを勝手に主催し、芸人仲間はもちろんのこと、それ以外にも企業やいろいろな団体、呑み屋さんやらデザインした手ぬぐいはかれこれ70本。一昨年2022年は玉の輔デザインの手ぬぐいだけで『噺家の手ぬぐい展』まで開催。ハンカチ王子ならぬ手ぬぐい王子と呼ばれ女の子からキャーキャー言われたことも……無いけど、とにかく手ぬぐい愛なら噺家イチの五明樓玉の輔が手ぬぐいのできるまでをご紹介いたします。

取材・文　五明樓玉の輔
写真　林家はな平

潜入取材《せんにゅうしゅざい》

手ぬぐいはともだち

自分の手ぬぐいは毎年デザインを変えているので、常日頃から目に付いた「手ぬぐいになりそうだなぁ〜」と思うモノを写真に撮ったり、メモをしてデザインをストック。それをタブレットを使って指でラフに描きます。それが毎年30枚以上になる。そして夏を過ぎた頃にその中からひとつ選びます。

今年の柄は『蛸』。蛸…たこ…多幸…まぁ、幸が多い、めでたい柄ということで。次にちょっと丁寧に色を決めながらタブレットに人差し指を使って清書した後にこの蛸の足と吸盤をほぼ実物大に鋏でチョキチョキしました。バランス良く配置して、ここからは TAMA'S TENUGUI DESIGN FACTORY©に…スタッフはひとりだけだけど……。このチョキチョキした蛸足をスキャンしてパソコンを駆使して手ぬぐいのカタチに縮小したものを手ぬぐい屋さんへデータにして送ります。問題が無ければそれを型紙に。現在は型紙屋さんが東京ではないためそろそろ編集部は出張費の関係で取材はできませんでした（涙）。

やって来たのは江戸川区にある伊勢保（いせやす）染工所さん。噺家や芸人の手ぬぐいを100本以上制作しているだけではなく、落語協会の浴衣も手掛けている

1

芸人御用達の染め物屋さんです。ちょうど玉の輔の手ぬぐいを染める当日、玉の輔がデザインを頼まれたウチの兄弟子橘家圓太郎の手ぬぐいも一緒に染めていました。伊勢保の伊藤匠（たくみ）専務にいろいろ教わりながら話をうかがいました。

板場《いたば》

まずは型紙を板場で木枠に固定し、広げた白生地に海藻を使った糊を塗ります。反物におがくずをかけて糊を定着させることで、糊のついた部分は染まらず白いままとなります。生地を折り返しながら一反で9〜11本分の手ぬぐいに。

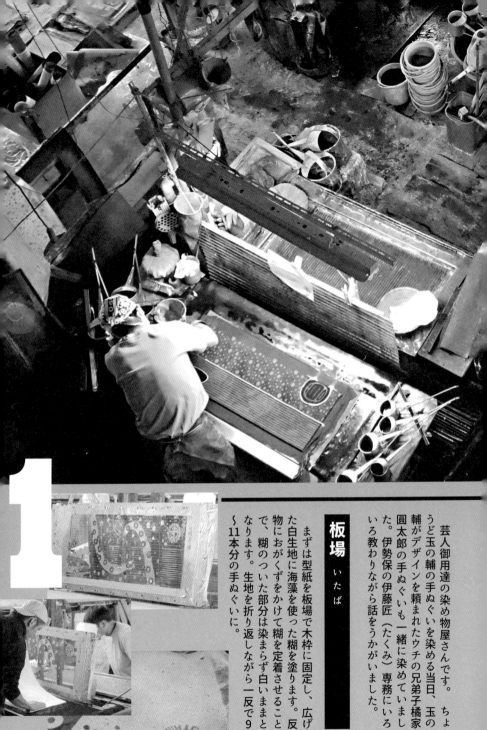

2

紺屋《こんや》

次に紺屋と呼ばれる染めの工程へ。生クリームの絞り出し袋の要領で染料がはみ出さないように糊で土手を作ります。

この土手のお陰で一枚の型紙で何色も一度に染めることができるのです。この手ぬぐいは蛸足と水泡、名前のロゴマークで3色を使うことに。玉の輔の図案を見本に職人さんの長年の経験をもとに忠実に色が作られていきます。

ふたつのやかんを両手に持って染料を土手の中に差すのですが、コレが実にお見事！　ブレが全く無い。上液、下液の二液を合わせると今まで黄色っぽかった液体が生地の上で蛸足のなんとも言えない赤になる。なんでだろ～なんでだろ、なななんでだろ～？　……科学反応なんだってサ。コンプレッサーを使って熟練の足捌きで染料を吸引、浸透させます。コレを裏表3回ずつ繰り返す……わぁ、たいへんな手間。一度に三反、33本の手ぬぐいが染められます。……はず、でしたが玉の輔が見学していたため蛸足で1回、水泡とロゴで1回、計2回に分けて染めるという丁寧な仕事をしてくださいました、すみません。さあ、色も染まりました。

3

水元《みずもと》

続いては水元。糊と余分な染料を大量の水を使って落としていきます。流れるプールのような水元は枠で仕切られ、くぐらせていく度にどんどんキレイに。さあ蛸さん手ぬぐいが見えてまいりました。産ま

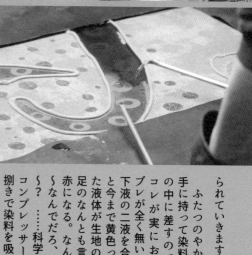

れてくる我が子を見守る父親のような気持ちになっちゃったヨ。

4

伊達《だて》

いよいよ佳境。脱水機にかけた反物を伊達で職人さんが引っ張り上げて天日干し。（この“伊達”というのは干す場所のことで土地柄で違う名称でも言われているそう）どうだっ、参ったか！……仕事したのは玉の輔じゃない、職人さんのおかげです。ホントありがとございます。この手ぬぐいは整理屋さんと呼ばれる専門の業者さんのところで畳まれ熨斗紙に包まれます。玉の輔は畳紙（たとうし）、熨斗紙も既成のモノではなく自らデザインして持ち込んでます。

手ぬぐい王子の真骨頂

でも、ここからが手ぬぐい王子の真骨頂。実はもう一本頼まれていた手ぬぐいがありました。新真打林家つる子ちゃんと三遊亭わん丈クンのお披露目手ぬぐいです。コチラ、取材時にはまだ型紙ができあがってませんでしたが、玉の輔、圓太郎、新真打の三本のミニチュア手ぬぐいをコピーして持ち込み、専務に畳み方まで細かくお願いをする。ここまでやる噺家がいますか？ いないよねぇ〜、いいんです、なんたって手ぬぐいはボクのともだちですから!!

こちらが、出来上がった手ぬぐいです！

さぁ、この手ぬぐいにはある工夫が……わかるかなぁ〜？ 逆さまにして蛸足を見ると、な、な、なんと『ご』になってる！ 我ながら素晴らしいアイデアです。

さてと、来年の手ぬぐいでも考えるかなぁ〜。

5

（右）兄弟子圓太郎の手ぬぐいは、当人リクエストの縞とあられ模様。色合いは落ち着いたペールトーンで、右上には牡丹文字、左下には名前のアクセントが入っています。両方とも玉の輔の手書き文字。

（左）左側が茜空に舞う鶴。右側は、横縞が８本、８本、４本、８本で“林家（8848）”、縦縞が３本で“三遊亭”。しかも、どこかに数字の１（ワン）が隠れています。

取材協力
有限会社 伊勢保染工所
〒132-0031
東京都江戸川区松島2-19-11
TEL 03-3651-3459

選句 柳家小せん

雑俳そろそろ連 Vol.2

落語の『雑俳』には、さまざまな雑俳の式目が登場する。寄席では滅多に聞けないが、雑俳の後半『雪てん』には雑俳の用語が出てくる。句を読んで隠居にしきりと「天になりますか？」と聞く場面がそれである。

雑俳では、天、地、人の三段階で句を評価するのだが、一番の位である天に選ぶものは天に相応しい格の高いものを、と教えてもらった。（もちろんこれが必ずしも正解という訳ではなく、また分かっていてもわざとそうでない句を選ぶ人もいる※雲隠しの注釈参照）それが句を聞いたあとの隠居の「上手いがまだまだ、天にはなりませんな」というセリフに表れているのではないかと思う。

出した句がなかなか天を取れない中、八五郎が〝天〟ではなく動物の〝貂〟を表してサゲになるのだが、隠居よりもくだらない句をぽんぽんと出す八五郎のほうが雑俳脳のような気がしてならない。

さて、第二回の兼題は「洒落附け 古今東西落語の演目」。「洒落附け」と言うのは、言葉の頭の部分を変えて洒落をつくること。前回に続き、今回も古今東西の落語の演目ということで、上方落語の演目を付けて作ってもOKである。ただし、同音異義語、洒落を二箇所つけるなどは病句（やまいく・選評の対象外）になる。

選句をしてもらったのは、柳家小せん師匠。自身のXで、電車で席を譲られたと投稿していた師匠だが、若手噺家たちで構成される雑俳たちみ連のメンバーである。（ちなみに、たちみ連のXには〝落語協会内のシャレた若い衆の集まりでございます〟と書いてある）

洒落附け

古今東西落語の演目一切

＼柳家小せん選／

人の位	地の位	天の位	雲隠し※	自句※
甲府ぃフロート	道灌出動	掛け取り物語	尻餅積もれば山となる	ガーコンの怪談
効き※ 豆乳ラテに胡麻アイス載せ	効き すぐふられるとわかっちゃいるけど	効き 今は昔の師走風景	効き ふた臼目には臀部腫れゆき	
けい木	小はだ	小もん	ふみ	

※効　き…句がより一層引き立つように選者が付ける句のこと。
※雲隠し…選者の捉え方によって色っぽく感じるもの。
無責任者の玉の輔は、選句すべてを雲隠しにしてくるのが恒例。
※自　句…選者の句。

今回惜しくも選から漏れた句はこちら
馬のすのたりのたりかな　玉の輔／棒鱈シッダールダ　はな平／青菜し五貫文　伊織／たがや酒造　一刀／甲府い道中膝栗毛　緑助／釜泥之田村麻呂　彦三

前回、柳家小ゑん師匠の選句から漏れたメンバーは、今度こそは！と力が入っているとかいないとか。果たして結果は如何に！

選者によって句の捉え方が違うのが雑俳の面白さ。今回選から漏れてしまった句もそれぞれ味わいがある。みんなちがってみんないい。それが雑俳の良さだ。

（イラスト　五明樓玉の輔）

そぞろ歩き 5

そぞろ歩き・目白

空が広い。目白駅前は広場になっているからだ。それを抜きにしても、右手には学習院大学のキャンパスがあり、周囲の街には高い建物が少ない。それだけで開放感があるというものだ。

五代目小さん一門思い出の地、目白。師小里んの内弟子エピソードの多くはこの近所で展開されている。私の学生時代にはその頃を彷彿とさせるものが未だ残っていた。しかし現在、「コマースビル」も豪奢な複合施設に変わり、「車そば」も既になく、「揚子江」は目白通りのはるか先へ引っ込んでしまった。煎餅屋「味の店」と甘味処「志むら」は健在である。

この辺りが開発されて来たのは明治以後のことで、それまでは広い台地に田畑が広がっていた。学習院が移転してきて、近衛公をはじめとした御屋敷が集まってきた……ようだ。

キャンパス内には「血洗いの池」という物騒な名の池があるのだが、これは講釈の義士銘々伝『安兵衛 高田馬場駆け付け』の堀部安兵衛が、仇を討ち果たした帰りに血刀を洗った池だ……という伝説からきている。

だが、よくよく考えてみると八丁堀から高田馬場まで駆けて来て、首尾よく本懐遂げた後に目白台を登って刀を洗うだろうか？ 否、登るはずがない。驚くなかれ、この伝説は大正時代の学習院高等科生の作り話として語り継がれているものだ。落語では『高田馬場』で仇討屋が出てくるが、それに近いまるで出鱈目な話である。当時の学習院生に洒落っ気があった……と言うよりも、高田馬場の決闘がよほど人口に膾炙していたのだろう。いたいけな新入生を脅かす先輩。

……そんなことをいいながら歩き出す。正門を出て千登世橋を渡れば左が雑司ヶ谷鬼子母神。右手には急勾配な「のぞき坂」があって、台地の高さを感じさせてくれる。怪我をしてもいけないので少し先の「宿坂」を下ると、目白の地名の由来でもある目白不動金乗院がある。そのまま道を突き当たりまで行けば、『乳房榎 重信殺し』の舞台・高田村南蔵院。天井の雄龍雌龍を見たいような、見たくないような。と思ったら本堂も絵も現存しないそうだ。惜しいような、ほっとしたような。

神田川まで出てみると手前には「山吹の里碑」。『道灌』のあばら屋はこの辺りに……あったかもしれない。川には面影橋が架かっている。桜の名所だがまだ蕾であった。

QR コードから
今回のコースを
GoogleMap で
みられるよ！

ボク道《ドウ》楽《ラく》もん

落語家さんは呑気でいいですね。と言われる。自分たちも高座で言っているので間違いない。しかし、実際のところは見かけほど呑気でも暇でもなく、高座以外の仕事量が非常に多い。新しいネタを仕込み、古いネタを引っ張り出し、会の告知をして、チラシを作る。落語の予定がない日にこれらの予定を詰め込むと、休みの日は実はとても少ない。はず。

ずらっと並んだゲームは伊織の私物。
天どん師匠にゲームについて語ってもらった。

だから呑気な商売にみえるが、サラリーマンや主婦の方々と同じように息抜き、趣味の時間というのはとても大事なのだ。今回は三遊亭天どん師匠にＴＶゲームについて聞いてみた。師匠はかなりマイナーなゲームから王道まで幅広くプレイしている。ゲーム愛が深い。筆者が前座の頃、師匠がついさっきどこかで購入したであろうＮｉｎｔｅｎｄｏ Ｓｗｉｔｃｈの箱を抱えて楽屋入りしたときは実にカンドーした。元々気さくで好きな師匠であったが、もっと好きになった。

ゲームとの出会い

日本は世界一のＴＶゲーム大国で、１９８３年に任天堂のファミリーコンピュータが発売され国民的な人気が出ると様々な企業がＴＶゲームの開発に乗り出し、海外でも日本のゲーム機が爆発的に売れた。１９７０年〜２０００年ごろはゲームの進化を間近に見られる時で、この頃に生まれた世代は一番ＴＶゲームが面白い時代に子供時代を過ごしている。師匠は１９７２年生まれ。一番ゲームが面白い

正座で背筋を伸ばしてプレイ。

時代に生まれた。ファミコンが発売された
ときには小学5年生だった。

三遊亭天どんとTVゲーム

——自宅にファミコンはありましたか？

いや無かったよ。友達のうちにいってみんなで遊んでたかな。外で遊んだりするのと同じように遊びの中のひとつの選択肢だったね。その前はゲームウォッチとかやってたかな。

携帯ゲームたち。師匠の私物。行きはやりません。

——ファミコンが無かったのは意外ですね。スーパーファミコンは家にありましたか？

スーファミはあったよ。高校3年生の時に買った。受験生なのに（笑）。だから夏休みまでにFF4をクリアしようと決めて。クリアしてから受験勉強はじめたよ。

入門後のゲームとの付き合い方

——入門後はゲームする時間はありましたか？

前座の最初の方と、最後の方、二ッ目の最後の方はゲームできない時期はあったね。その頃はゲーム買うお金もなかった（笑）。でも先に二ッ目になった喬之助兄さん、圓十郎兄さんと格ゲー（※1）やったりしたかな。鉄拳（※2）とかバーチャ（※3）とか。だから今日伊織が持ってきたような格ゲー用のコントローラーも持ってたよ。圓十郎兄さんが、指が太くてボタン二個ぐらい一遍に押しちゃうんだよ（笑）。真打になって忙しくなってからは移動時間に少しやるくらいかな。移動中にゲームやるっ

真剣な眼差しです。
写真左が格ゲー用のコントローラー。

師匠にストリートファイターで遊んでもらいました。結果は…

超必殺技が見事に決まって伊織の負け。ズッコケてます。

ていっても行きは絶対にやらない！

——え？行きはやらないんですか？

そう。だって「あいつはゲームやってるからカミカミだった」とか言われたら嫌だから（笑）。行きは噺をさらったりしてる。帰りに一人ならゲームやるかな。

ゲームと落語の共通点

——どんなジャンルのゲームが好きですか？

なんでもやるよ。ジャンルはローテーションしてやってるかな。飽きるっていうかすぐ新しい事をやりたくなるのかな。寄席でも同じ噺をやり続けるタイプではないし。

——ひとついい新作ができてもそれをやり続けることはしないという事ですか？

そうだね。ちょっと刺激が足りなくなると飽きちゃうのかな。噺を作って何度か高座で掛けて、こんなウケ方するのか、これくらいウケるのかっていうのが分かると達成感があって、ゲームの「クリア」みたいな感覚かな。もっとやり続ければそのネタの精度はあがりそうだけど、やってる自分が飽きちゃうとお客さんにも伝わっちゃうじゃない。ゲームも自分が楽しくないって感じたら他のジャンルをやる。

——ゲームと師匠の落語がつながる部分もあるんですね。

そうだと思うよ。古典と新作両方やるのも同じで、新作ばっかりやってると飽きちゃうから古典もやってる。

——ゲームも落語も常に変化を求めているという事ですね。

そうそう。だからゲームも先がわからない方が割と好きかな。好きなゲーム一本上げてくれ、っていわれたらローグライク（※4）をあげると思う。トルネコ（※5）けっこうやったかな。新作落語と同じで、入るたびに状況が違うじゃない。ああいうのが一番楽しいかな。

——ゲームのストーリーや設定が新作落語に影響を与えますか？

うちの師匠も似たような事言ってたけどゲームは脳の動かし方が違う。ゲームを扱った新作みたいのは作れるかもしれないけどね。ゲームから新作のヒントをもらったことはないかな。

——インベーダーとかマリオみたいなアクションゲームがヒントにならないのは何となくわかります。近年は映画みたいなストーリーと映像がしっかりしたゲームもありますが、そういうのでもヒントにはならないですか？

ないない。全くない。だから完全に趣味だね。大概の事はネタを探すことがクセになってるけどゲームの時はそのスイッチがオフになってる。うちの師匠もゲーム作った（※6）けど、ネタにならねえなって言ってたよ。あとゲームやってるときはこっちはお客さんだから。楽しませてもらうのでいい。

インタビュー前、私は新作落語で道を切り拓いてきた天どん師匠が、どのようにゲームからヒントを得て新作落語に落とし込むのか聞くつもりだったが、意外にも師匠にとってゲームは「完全に趣味」だった。趣味を語る師匠の表情は、高座前の穏やかな中に少しヒリついた空気を秘めた表情とは違って、1人のゲームファンとして楽しんでいる柔らかい笑顔が印象的だった。「大抵の事はネタを探してしまう」、という師匠にとって「完全な趣味」としてのゲームが新しい落語を作るために必要なリフレッシュなのかもしれない。

三遊亭天どん
1972年生。東京都東久留米市出身。
1997年圓丈に入門、
2001年二ッ目昇進、
2013年真打昇進。

用語解説！

※1　格ゲー……対戦格闘ゲームの略。
※2　鉄拳……ナムコが発売した3D格闘ゲーム。
※3　バーチャ……バーチャファイター。セガが発売した3D格闘ゲーム。
※4　ローグライク……ゲームのジャンル。プレイするたびにマップ、ステージ、敵や武器の配置などが変化し、毎回違ったプレイ体験ができる。
※5　トルネコ……トルネコの大冒険。ドラクエの世界観でプレイするローグライク。
※6　うちの師匠もゲームを作った……1988年に発売されたPCゲーム「サバッシュ」のシナリオの一部を圓丈師匠が手がけた（制作とケンカ別れして途中で抜けている）難易度高めのRPG。

文：三遊亭伊織

あの頃のぞろぞろ

その四●表紙変遷

　いま、私の机の上にあるあの頃のぞろぞろには、盛夏号No.52と題されている。黒紋付、定紋は替わり羽団扇。綺麗な柳腰、博多の帯をキリリと締めて、三遊亭圓朝居士の墓前に合掌するひとりの男。それが表紙である。

　モデルは、二ツ目時代の柳家三三師。撮影は彦いち師。撮影構成として、本誌無責任者の五明樓玉の輔師の名も見てとれる。「どこからどう撮るかよお、オレが全部決めたンだよ」とは、本誌『ぞろぞろ』会議における玉の輔師談。

　私の手持ちの『ぞろぞろ』は、この一部のみである。誰かから貰ったと記憶している。というのも、この号の特集が、「怪談はオモシロイ！」と題して、私の師匠林家正雀のインタビュー記事なのである。（他にも五街道雲助師、鈴々舎馬桜師、金原亭馬生師の談話有。自宅訪問「ウンちわァ」に初音家左橋師。助平の二ツ目日記（現柳家一琴師）。新前座に三遊亭麹（現三遊亭司師）。訃報には古今亭右朝師等々。割愛多数。二〇〇一年七月発行）

　はじめこの小冊子を貰った時、表紙がかっこいいと思ったと同時に、これは他にはない刊行物だなと思った。一般的な空気感がしない。やはりどことなく、芸人的な独自の何かを放っていた。あるいは単純に、三三師匠のすっとくびれた後ろ姿が、絵になる。（本誌でも、三三師に見習って、同一門の編集長小はだ氏がまた別の表紙の画角をオマージュして撮影したが、ボツになった。かくいう私も、本誌第二号においてどういうわけか一人で表紙という大役を賜ったわけだが、責任感、またその羞恥心の段、恐れ多い限り。しかしまた良い経験でした。ずっとこの机の上にあった盛夏号にて、三三師の背中を見ていたわけですので。実は単純に、嬉しかった私。これは落語ファンとしての感想。）

　さて、今回はその表紙について。ある日、私は落語協会の二階を借りて、試みに『ぞろぞろ』全五十五巻を、和室に並べてみた。大変であったが、これがなかなか壮観。そしてやはり、独自の空気感。表紙は変遷をしているが、左がその一覧。敬称略。

一〜四　柳家つば女　画
五〜八　林家木久蔵（現木久扇）画
九〜十二　柳家小さん（5）狸の色紙
十三〜十六　林家たい平　工作風のモチーフ
十七〜二十　林家たい平　野菜画
二一〜二八　林家しん平　人形
二九〜三六　柳家小せん（4）洒落写真
三七〜四一　林家正楽　紙切り
四二　創刊号オマージュ（記念号）
四三〜四五　林家二楽　紙切り
四六〜五〇　林家彦いち　落語関連写真
五一〜五五　林家彦いち　モデル写真
（柳家三三）

正楽師、二楽師の紙切りの表紙は、それだけでもう芸術の域、瀟洒かつ流麗で、これは一発行物としても、ぐっと締まって見え、完成されている印象を受ける。そして全体を眺めても、やはり噺家の多才ぶりに気がつかされる。絵を描く、写真を撮る、何かをつくる。その趣味余芸が、また噺家という気もする。芸術だけではない。スポーツ、音楽、文化鑑賞。それぞれに倶楽部があって、その遊び心が、また噺家の世界を形作る気もする。われわれはきっと、あのことならこの人、あれをやらせたらあの人――というような、助け合いの自活集団なのではなかろうか。と、そんなことをさえ思いながら、私はしばらく全表紙の並んだ風景を眺めていた。

師匠正雀の趣味は、芝居である。それが例えば鹿芝居になる。師匠は本も好きだ。弟子である私も本が好き。私は書く方でも、今年はナントカなりたいとひそかに思ったりする。それもまた噺家の遊び心と思えば、気が楽だ。そして本誌『そろそろ』も、その一つの活動の場であって、ある種の部活小屋である。私には、他に何ができるだろう、ナンテ考えたり。それでもこうして小さな釘のひとつにでもなっていれば、いまは幸い。

ところで、さて、本号のわが『そろそろ』の表紙は、どうなることやら……

（取材／文　林家彦三）

実録 御徒町ジュニア

武装戦線？ トー横？ IWGP？

「平成」から「令和」へ 漢《オレ》たちの御徒町はいま

高柳竜治

“宝石街のロビンフッド”の二つ名で、最盛期には280人の不良青少年に食事や寝床を提供し、その後の職業支援にも尽力した御徒町のビックダディ。

喜更木翔

かつては高柳氏に救われた少年のひとり。5代目として該当エリアの売春や薬物案件を一掃した立役者。中国マフィアとの交渉でパンダ輸入に貢献。

石田衣良原作の小説「池袋ウエストゲートパーク」では池袋を拠点とする不良青少年たちを描き、世間に一定の人気を博したが、あのような話は池袋に限ったことではない。

今回は台東区御徒町エリアの不良グループ〝御徒町ジュニア〟の〝伝説〟と呼ばれる男たちに話を聞いた。

「元々オレの実家はじいさんの代から御徒町で鉄工製品の卸やってたんだけど、二代目を継いだオヤジが倒産させちゃって借金まみれ、夜逃げ同然で地方の親戚を頼ったんだけどやっぱり地元が恋しくてオレだけ家出同然で、この御徒町に戻ってきたんだ」と語るのは、〝御徒町ジュニア〟の初代班長の高柳竜治氏（43）だ。

「オレが戻ってきた頃の御徒町の不良にまとまりはなくてさ。西側には歌舞伎町エンペラー、池袋武神、原宿ラビッツ、道玄坂ドリーマーなんて奴らがいて、そっちは西側でバチバチしてたんだけど、東のオレらにとって連むのってすげぇダサかったのよ（笑）。そしたらある日、池袋から30人の武神が攻め込んで来て、あっという間にみんなボコボコだよ。ただ、オレは闘ったね。この街はオレの育った街だ！ってその気持ちで倒れても立ち上がって、かかって来る奴を倒し続けたんだよ。そしたら、いつの間にか先にやられてた奴らもぼろぼろで加勢してくれて、何時間闘ったかわからねぇけど、気づいたら倒れてる奴はみんな池袋の奴らだった。以降やたらとみんなオレんとこ来るようになって気付けば〝御徒町ジュニア〟なんて呼ばれて仲間から担がれてオレが頭張ったって訳よ。」

そんな高柳氏に救われた不良少年のひとりが、のちに5代目班長になる喜更木翔氏だ。

「竜アニキには孤児同然のオレと兄の幹斗（3代目班長）がアキバのオタクばっか狙ってカツアゲしてた時に『みっともねぇ事すんな』って叱られて、詰所って呼んでる竜アニキの家のガレージで寝食を共にしてきました。自分の代の頃には外国人組織も界隈で好き勝手するようになってきてたんで竜アニキたちとは違う闘い方もしてきたと思いますけど、オレもこの街が大好きです。」

学校や社会に居場所がなくたって居場所のない人間なんて居ないのだろう。（尾藤仁加美）

※本誌では新たなスクープを募集しております。ご投稿はこちら→ konokiji-zenbu-usodesu@uso.com

抱腹 誌上大喜利！ 絶倒

お題 その1

写真で一言！

彦三

● 昨日もこれを見た四人。明日も何もないので、また見る。この家には、教養がこれしかないのである。でも、みんなとても元気な家族。仲も良い。風邪もひかない。

伊織

● 卒アルに自分だけ載ってない

玉の輔

● ココがA地区、ココがC地区、そしてココがビーチク

お題 その2

都立落語協会高校の校訓を教えて下さい。

小はだ

● そもそも、校訓という字が読めない

玉の輔

● ピアスの穴はあけても良いが、高座に穴をあけない

● 修学旅行でマクラ投げは良いが、受けないからといって高座でマクラを投げない

● 高座を抜くことも、高座で抜くことも禁止

お題 その3

ラジオ「渋谷でそろそろ」でギリギリ読まれるラジオネームは？

けい木

● 啞の子（おしのこ）

玉の輔

● ハメハメ八大王

● 坂上遅漏、飛びます飛びます

柳家花ごめの大喜利寸評

個人的に大賞はけい木さんのラジオネーム**「啞の子（おしのこ）」**でした。下ネタに流れがちなこのお題で、流行りを押さえつつ、しっかり落語家らしさもある素晴らしい答えでした。ラジオネームとしてはアウトだと思いますが。

あと印象深かったのは玉の輔師匠の**「ピアスの穴はあけても良いが、高座に穴をあけない」**でしょうか。答えどうこうというより「これだけ別人格が書いてる?」というくらいの、突然のきれいな答えに、ちょっと情緒が心配になってきます。下ネタに支配されてしまった脳内に、僅かに残った自我から発せられたSOSにも見えて味わい深かったです。

柳家 花ごめ（やなぎや かごめ）
出身地　千葉県
出囃子　かごめかごめ
紋　剣片喰
芸歴
2009（平成21）年 柳家花緑に入門
2009（平成21）年11月21日 前座となる 前座名「まめ緑」
2014（平成26）年6月11日 二ツ目昇進「柳家花ごめ」と改名
2024（令和6）年9月21日より真打昇進（予定）

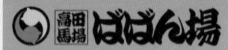

NO ITTOH, NO LIFE!?

さよなら一刀

一刀……誰だっけ？ ……一朝師匠ンとこの？ ああ、一刀ねェ、知ってるし、会ったことも何度かあるけど……メンバーだったっけ？ ……ふ～ン、辞めるンだぁ～。そんなことより、振られたンだよね、女に（笑）。バンサ～イ！（玉の輔）拝啓、一刀さん。あなたが辞めると聞いてから空がセピア色に変わりました。あなたは私の太陽でした。これからは別の人を照らしに行くんですね。寂しいけど、大丈夫さ。またあなたという日が昇るまで、みんなと待ってます。ありがとう。（はな平）呑むと愚図、素面でいても甘ったれ、漢気あるのに無礼者。そろそろメンバーに居ても居なくてもオレらの宴に終電も始発もありません。覚悟してね。（けい木）おい。一刀。そろそろ辞めちゃうのか？ 寂しいじゃないか。面倒くさい仕事ばっかり押し付けて悪かったな。一刀は何か頼むとつべこべ言わずにやってくれるから、何でも頼みやすかったんだ。大金を預かる会計係もやってくれたし、頼りにしてたんだぜ？ どうしても辞めちゃうのか？ そうか。じゃあこれはそろそろメンバーとして最後の頼みだ。三万円貸してくれねえか？（伊織）売り上げ預かる会計の 役目を負って二年半 会議と打ち上げ盛り上げて 数えきれない朝帰り 軽すぎるよな文章への 総ツッコミも一刀両断 古典新作二振り下げて 歩む芸道一直線 われらが春風 新たなペエジの はじまり、はじまり（小もん）そろそろの中で一番、人柄が出る文体をかける一刀兄さんが抜けるのは文藝界の損失といっても過言ではないでしょう。残念です。ちょっとだけ。（緑助）兄さんがいなくなるのはどうしてもさみしいのはさみしい、せめてラジオだけでもやめずに、ナンテ、そんなわけにもいかない思いますが、結論、兄さん、また遊んでください。お願いします。飲んでください。（彦三）隙あらば差し込んでくる感嘆符 !! 読み込んだとて何の為にもならない Q&A コーナー！ この緩さが雑誌に柔らかさを出してくれた！ と言ったら褒め過ぎですがそう思ってます！ 一刀兄さん！ 五号まで !! お疲れ様でした !!（小はだ）一刀さんが辞めるって言ったときの玉の輔師匠の寂しそうな顔……たぶん意外と愛されています（笑）。一刀が一等賞！ いつまでもお元気で (^.^)/~~~（玉の輔よろこび組）終。

（春風一刀 / 落語家）

HARUKAZE ITTOH

NO ITTOH, NO LIFE.

前座のぜん太くん

さく・春風亭いっ休

「しりません」

校　　正／校田正美
デザイン／西澤美帆
取材・撮影協力／伊勢保染工所 / ウカンムリ / 株式会社エフエムナックファイブ / 株式会社ニッポン放送 / 早苗 / すず風金魚 / 都立舎人公園 / ヘアーサロン カネダ / らくごカフェ (五十音順)

編集委員から　vol.5

QR コードは X（旧 Twitter）

呑んでてたまたま口から出た『楽しいって素晴らしい』って言葉を実感できる人生素晴らしいヨ！

五明楼玉の輔（無責任者）

次回は抜擢編集長目指します
林家はな平

次号の“扇太”がたのしみだなー
林家けい木

PS5 欲しい PS5 欲しい PS5 欲しい PS5 欲しい PS5 欲しい
三遊亭伊織

さよならだけが人生だ
春風一刀

出会いと別れを春の風にくるんで、またひとつ大人になってゆくのだね。一刀兄さん、記念に呑みいきましょう。

柳家小もん

「自分で作った大喜利のお題に答えるのなんかちょっと恥ずかしいな」と思いました。

柳家緑助

まんと、扇ぱい、駒平。また日暮里の立食い蕎麦行こう。

林家彦三

サンキューイットー。

グッバイイットー。

柳家小はだ（編集長）

ご意見・ご感想・お問合せはこちら
そろそろ編集部メールアドレス
sorosoro.goiken@gmail.com